MICHEL ET MOI

MACHA MÉRIL

MICHEL ET MOI

ALBIN MICHEL

« Je t'aime plus loin que toi. »

Marguerite Duras, *Les Mains négatives*

1.

– Cette fois-ci, je t'épouse ! me lance Michel, un soir de septembre 2013 dans le petit restaurant où nous dînions après une représentation de *Rapport intime*, la pièce que je jouais au théâtre des Bouffes-Parisiens et dans laquelle je tenais le rôle d'une star de la télé-réalité.

Je n'ai pas beaucoup aimé cette déclaration cavalière, telle une offre hélée à une vente aux enchères, en levant la main le premier. Mais j'avoue que mes épaules ont frissonné et que le sang m'est monté aux joues.

Je n'ai pas répondu. J'étais stupéfaite. Les pensées tournaient à toute vitesse dans ma tête. Il me fallut quelques minutes avant que mes lèvres se desserrent :

– Attends, on n'est pas…

– Attendre quoi ? J'ai quatre-vingt-un ans, toi soixante-quatorze, on va attendre ? Je te le répète d'une façon plus claire : veux-tu qu'on se marie, veux-tu être ma femme ?

Être sa femme ! Le vertige me saisit. Je le regardai

dans les yeux, bien en face, et je compris qu'il ne plaisantait pas, qu'il campait tout entier derrière ce qu'il avait dit, sans hésitation ni doute.

– On s'est loupés il y a cinquante ans, poursuivit-il, on ne va pas se rater encore une fois !

En 1964, il y avait cinquante ans, nous nous étions rencontrés à Rio de Janeiro au cours d'un festival de cinéma international, un grand festival brésilien qui avait invité une délégation française fournie. Nos films étaient attendus et adulés. Jacques Demy et Michel Legrand présentaient *Les Parapluies de Cherbourg* déjà auréolés de la palme d'or à Cannes, accompagnés de Catherine Deneuve, grande star française naissante. Édouard Molinaro présentait son dernier film, *La Chasse à l'homme*, et moi *Adorable menteuse* de Michel Deville, un film écrit par Nina Companeez, qui relatait la vie insouciante et libre de deux sœurs incarnées par Marina Vlady et moi. Nous étions typiquement françaises aux yeux des étrangers, c'est-à-dire experte en mensonge pour la première et gaffeuse par excès de franchise pour la seconde.

Du premier au dernier jour, Michel et moi ne nous sommes pas quittés. Un coup de foudre. Sage cependant : à cette époque d'avant la pilule, on ne couchait pas aisément. Je n'ai connu que le goût de ses lèvres et la pression de ses mains, ses longues mains de pianiste, douces et fermes. Troublés par notre entente fulgurante, nous nous demandions ce que deviendrait cet amour inopiné, surgi dans nos cœurs avec tant d'éclat. Michel était marié, père de deux garçons dont un en bas âge, et moi promise à un mariage imminent.

La musique brésilienne et les nuits blanches ont enrobé la découverte de cette urgence : le désir de ne pas se quitter, d'être ensemble à chaque instant. Autour de nous nos amis souriaient, tous y voyaient un flirt de voyage, charmant et sans lendemain. Mais nous, nous savions qu'il s'agissait de bien autre chose.

Le dernier jour, comme Michel devait rentrer à Paris plus tôt pour une grande émission de Pierre Bellemare, dont il était l'invité principal à l'occasion de son premier album vocal, je l'accompagnai à l'aéroport de Rio, deux heures aller et deux heures retour depuis le Grand Hôtel Copacabana où j'étais logée. Sous la verrière du hall de départ, dans la lumière froide des néons, nous nous serrions les mains, à fleur de larmes, et nous nous sommes dit : non, nous n'allons pas fracasser des vies autour de nous, il faut nous dire adieu, ce n'est pas possible. Et je me souviens que Michel a ajouté : « Ce sera dans une autre vie. »

Maintenant que je sais à quel point il croit à l'« autre vie », je comprends que ce n'était pas un engagement à la légère, une pirouette romantique et commode.

Et nous avons poussé l'héroïsme jusqu'à nous jurer

de ne plus nous chercher, de ne plus jamais nous appeler.

Je suis retournée à Rio le cœur à l'envers, mais déterminée à tenir ma promesse, dictée par un sens moral et esthétique digne de la tornade d'amour que nous avions vécue. Nous nous aimions, mais le temps ne voulait pas de nous. La vie peut précipiter les mortels dans cette sorte de conjoncture, il faut savoir l'affronter et ne pas céder aux tentations. J'avais rencontré un homme que j'aurais pu aimer – et c'était interdit, hors de portée. J'allais devoir cadenasser mon cœur et vite oublier ce visage, cet homme qui me ressemblait tellement, la tête dans les étoiles et le cœur au service de la beauté, dans la passion de la création, de la musique, du théâtre et du cinéma.

Nous avons tenu notre promesse, nous avons évité de nous revoir, bien que nous nous soyons tenus informés de tout ce que l'autre faisait, réalisait, accomplissait. J'étais fière de lui, et lui, je crois, m'avait idéalisée en femme emblématique et rêvée. Je le croisais quelquefois, inévitablement, aux premières, aux concerts et dans les festivals. Nous ne nous approchions pas l'un de l'autre, conscients de l'incendie que la moindre étincelle pouvait provoquer. Il n'était jamais seul, moi non plus. Deux longues plages d'éloignement nous ont tenus à l'écart l'un de l'autre : j'ai vécu dix ans en Italie et lui dix ans aux États-Unis. J'ai cessé de penser à lui. Au fond, il m'avait dit non, il avait préféré un autre chemin. Lui, me dit-il, me gardait au fond de son cœur, et me citait auprès de ses compagnes successives comme un exemple de femme engagée mais néanmoins séduisante (il ne se passionne pas pour la politique, encore moins pour le féminisme). Ses épouses devaient me haïr.

Et les années défilent, le passé lointain se décolore, recouvert par un passé plus récent. On archive les bonheurs et les malheurs d'autres époques, pensant les taire. Ils deviennent des cellules dormantes, apparemment sans danger. Les psychologues connaissent ce phénomène : rien ne s'oublie, rien ne s'efface. On ensable, on enfume, au pire on croit vitrioler, mais le vécu reste le vécu, il peut rejaillir à tout moment sans qu'on s'y attende.

Les femmes, habituées depuis des siècles aux mortifications et au déclassement, sont particulièrement habiles à enfouir les souvenirs dérangeants. Il faut vivre, s'offrir aux nouvelles réalités avec le plus d'énergie possible, apprécier humblement ce que le sort nous accorde, embellir sa propre destinée en redorant le présent de tous les feux de la bonne volonté et de l'imagination. On chasse la nostalgie et la mélancolie, on lutte contre les rancœurs issues de la disparité et de l'injustice. Quand on peut. Certaines femmes, trop honnêtes, trop sensibles, n'y parviennent pas. Elles sombrent dans la neurasthénie et le désespoir, éloignant encore davantage leurs chances de paix. Mais je crois que toutes les femmes cultivent l'art de s'accommoder, de valoriser leur situation, d'afficher une bonne humeur constante, comme si c'était leur devoir. Toutes les femmes, quoi qu'en disent nos leaders féministes, se sentent responsables du bonheur d'autrui, des hommes, des enfants, des collègues, d'elles-mêmes. On déplore parmi ces dernières quelques punaises, envieuses, acariâtres, mais même celles-là veulent épancher le ton de la vie autour d'elles, en pensant maîtriser la juste harmonie.

Les hommes prennent moins de précautions. Ils proclament sans ménagement leurs mécontentements. À nous de nous adapter, de supporter les critiques, de modifier notre comportement. Certains sont plus responsables que d'autres et portent le poids de la tranquillité d'une famille, du bien-être de leur femme, de leurs enfants. Aujourd'hui, depuis l'accession des femmes aux responsabilités, plus d'un s'enfuit, renonce, en parfaite conscience. « Vous avez voulu le commandement, mesdames, eh bien, prenez-le ! Moi je me tire, je vous soulage de ma présence, de mon spleen. » Les mâles qui assument leur rôle de mâle deviennent rares et arrogants, ils sont très demandés et peuvent prétendre au meilleur de la part d'une femme. Question d'offre et de demande. Si tu n'en veux pas, va voir ailleurs. Et les femmes se taisent, encore, malgré les avancées de l'émancipation.

L'histoire est ainsi, on doit penser en avant-garde de son temps, mais le quotidien doit continuer à se satisfaire d'usages dépassés, d'attitudes périmées, voire inacceptables. Les changements de mentalité s'opèrent lentement, très lentement. Une génération n'y suffit pas, on constate des rechutes, les jeunes filles retombent soudain dans des schémas passéistes, les contes de fées où l'on attend le Prince charmant, les tenues de princesse, le mariage en blanc, les SMS romantiques et l'adoration des acteurs musclés. Dans une autre conjecture, on remet le voile, plus ou moins couvrant…

Ma génération tremble. Où avons-nous échoué ? Avons-nous été trop loin, au point de créer ce retour en arrière ? Je suis optimiste. Ces facéties humaines ne peuvent gommer le sens de l'histoire. Quand on a goûté à la liberté, on ne l'oublie pas. La liberté est inoubliable, comme l'amour. Un relent de culpabilité antique entraîne encore des femmes vers les douceurs de l'esclavage et de l'infériorité. S'en remettre pieds et poings liés à la féminité comme la victime au bourreau. Femme, donc faible. À protéger. À soumettre. Tout ce que nous avons rejeté en 1968. Tout ce qui nous faisait horreur.

Le monde va de cette allure chaotique, pourquoi les femmes y échapperaient-elles ? Un pas en avant, deux en arrière. Et puis un grand bond en avant. Le grand bond tant espéré, tant attendu. Nous l'avons proposé. Nous l'avons activé. Tout a changé : la famille, les relations entre les générations, la division du travail et des compétences. Je souris quand j'entends dire aujourd'hui que la presque totalité de la magistrature est féminine, que la police est peuplée de femmes, ainsi que l'armée et jusqu'au corps des pompiers. Sans parler du sport, où les *tenniswomen* frappent aussi fort que leurs confrères masculins. Les équipes féminines de basket, de football et de judo font merveille, bientôt les équipes mixtes ? Quant à la politique, dernier bastion du pouvoir des hommes, nous sommes à l'aube d'un renversement : des femmes dirigent déjà l'Allemagne, l'Angleterre, la Birmanie, l'Australie, le Chili, l'Islande et Taïwan. Je prévois une ère où les pays sans femmes au gouvernement seront mis au ban de la société. La rage des ayatollahs et autres djihadistes provient de ce sentiment : les hommes sont acculés, dos au mur, débordés par la vague montante de l'intelligence féminine. Fâchés, ils mordent comme les animaux sauvages en voie de disparition qui se sentent encerclés et aux abois. Heureusement, le masculin et le féminin s'entraident et se rapprochent sur d'autres bases. Ainsi va l'humanité, en constant développement.

2.

Mais je m'égare quelque peu. J'avais entrepris de vous raconter l'histoire d'un amour.

Mon amour.

Je vous entends me dire : quelle drôle d'idée ! Pourquoi veut-elle nous raconter cela ?

Nombre de personnes respectables déclarent : « Je ne parle pas de ma vie privée, elle ne regarde personne, je tiens à la protéger. » Je les soupçonne d'être insatisfaits, de regretter quelque chose ou d'avoir honte, de préférer ignorer ce qui ne va pas, de le glisser sous le tapis. Je pense au contraire que les sentiments intimes nous relient et nous fédèrent plus que les faits sociaux ou professionnels. Nous sommes semblables, nous réagissons aux mêmes émotions, nous varions seulement dans la façon de les exprimer. Nos sentiments sont d'ailleurs habilement recensés par la publicité et le marketing, qui s'en servent cyniquement pour nous vendre leurs produits en nous donnant l'illusion qu'ils s'adressent à chacun de nous. Car les annonceurs démiurges savent que nous nous ressemblons, que nos aspirations et nos rêves sont forgés dans le même métal.

Les sentiments fournissent le terreau de la littérature et de tous les arts. Un écrivain ne traite que de lui-même, étudie les subtilités de ses émotions, tel un chercheur en laboratoire, quelle que soit la forme sous laquelle il a choisi de s'exprimer. Le romancier, l'essayiste, le poète, l'historien, tous creusent l'âme humaine à partir de leurs observations personnelles, de leur vécu. Tous appliqués au devoir de précision et de courage.

Quand Marguerite Duras nous décrit ses crises d'éthylisme et son attirance pour Yann[1], un jeune homosexuel, elle fait œuvre d'écrivain. C'est sa mission. Elle ouvre la porte de l'humain qui chahute en elle, elle nous tend la main et espère qu'on la lui prenne.

Quand George Sand dit : « Je n'aime plus, je me suis trompée », elle nous console de nos hésitations et de nos peurs. Quand Colette appelle l'étoile Vesper à la rescousse, du fond de ses nuits d'insomnie, elle nous annonce avec élégance le tumulte de la vieillesse et de la maladie. Quand Annie Ernaux dépeint minutieusement les draps qui ont hébergé son étreinte amoureuse, elle nous chante la puissance de la mémoire et du sexe. Quand Tolstoï pleure sur la tombe d'Anna Karénine, il

1. *La Vie matérielle*, POL, 1987.

scrute les mystères de la mort et son absurdité. Anna est vivante, elle nous accompagne depuis plus d'un siècle, et Tolstoï avec elle, pour l'éternité. Quand Kafka nous enferme dans son château, il libère les forces explosives et révoltées qui gonflent son cœur. Quand Montaigne écrit à La Boétie, il exalte l'amitié qui dépasse les distances et les séparations, au-delà du présent, au-delà du vivant. Quand Céline met dans la bouche de petites gens des propos réactionnaires, il s'immole devant nous, son âme noire mise à nu. Et les dramaturges, Molière, Racine, Ibsen, Feydeau, Tchekhov, Beckett, Claudel, de quoi alimentent-ils leurs dialogues sinon de leurs paroles intérieures, de leurs contradictions, de leurs souffrances ? Et les cinéastes ? Bergman et ses personnages de femmes admirables et trahies ; Antonioni, témoin glaçant de l'incommunicabilité ; Truffaut, chantre de l'amour adolescent ; Huston, déchiré par les échecs des *Misfits* ; Kubrick, obsédé par l'effroi sidéral ; Jean Vigo, éperdu de nostalgie pour l'enfance. Tous récidivistes de l'introspection, de la confidence. Et les poètes ? Yeats, Aragon, Rimbaud, Byron, Baudelaire et les autres. On les lit et on les relit parce qu'ils nous parlent de nous, de notre intimité, de notre proximité avec eux.

L'intime est le ciment entre les humains, la pâte universelle qui nous constitue, que nous trimballons toute notre vie, étonnés par ses étrangetés et ses transformations. L'intime nous intéresse au premier chef, car il nous réserve les plus belles surprises de l'existence. Il nous devance, nous domine, nous enchante ou nous malmène, il s'impose irrésistiblement, il anime nos désirs et nos conversations. En vérité, rien d'autre ne nous occupe autant.

Alors, pourquoi lui résister ? Pourquoi le cacher, l'occulter, le craindre ? Je me souviens d'une phrase que m'a dite Pier Paolo Pasolini, à la sortie de *Porcherie*, le film que j'avais coproduit avec ma jeune société de production Machafilm. Quand j'ai épousé mon premier mari, le réalisateur et producteur italien Gian Vittorio Baldi, qui trouvait le nom de ma société trop personnel, pas assez sérieux, je l'ai rebaptisée Victoria Films. J'avais pourtant déjà produit en France *Au pan coupé*, un long métrage de Guy Gilles – génial cinéaste maudit qui a tourné huit petits chefs-d'œuvre et qui a disparu avant de connaître le succès –, et coproduit *Quatre nuits d'un rêveur* de Robert Bresson. Je n'étais pas une novice. Mais la vanité masculine des Latins… J'aurais dû flairer le piège puisque je m'en suis échappée neuf ans plus tard.

Juste après le triomphe de *Théorème*, l'histoire trouble d'un ange diabolique qui séduit et détruit toute une famille, Pasolini vint nous proposer un projet de film dont les dialogues étaient en vers, et dont il disait lui-même : « Si je ne le tourne pas maintenant que les distributeurs me demandent, je ne le tournerai jamais. » En effet, le scénario allégorique ne pouvait pas plaire au grand public : une double parabole sur la différence, où Pierre Clémenti finissait dévoré par des chiens sauvages dans une fable médiévale, et Jean-Pierre Léaud par des porcs dans une porcherie à l'époque du fascisme. Un film âpre et symbolique, mais coûteux à cause des nombreux personnages, des décors et des costumes. Y figurent aussi Anne Wiazemsky, Ugo Tognazzi, Alberto Lionello, Franco Citti, Ninetto Davoli.

Au cours d'une conférence de presse, Pier Paolo déclara :

« Les critiques me reprochent de parler de sexe. Mais le sexe est l'activité la plus importante de la vie, comment ne pas en parler dans les films ? »

Je partage ce point de vue.

Tout repose sur la « manière ».

Comment parler de l'intime ?

Question de style. Chacun le sien. De la brutalité de Bukowski à la tendresse de Sagan, du classicisme de Gracq à l'impudeur d'Angot, du charme de Stendhal à la froideur clinique de Faulkner, de la coquetterie de Musset au nihilisme de Dostoïevski : tout est permis, tout peut se dire, aujourd'hui plus que jamais. À condition d'attraper le lecteur au vif de sa conscience, de l'honorer en ne lui proposant pas les clichés confortables qui encombrent la mauvaise littérature, les téléfilms et la presse.

À condition de ne pas obéir aveuglément aux méthodes de lecture de l'âme humaine que sont toutes les écoles de psychologie, récentes ou pas. Les explications qui se veulent scientifiques n'apportent que de l'eau au moulin de leurs inventeurs, dévalorisant les émotions directes.

Ces émotions nous étourdissent. Je suis bouleversée par le dernier SMS de Michel : « Je t'aime au-delà de toute compréhension, au-delà de toute imagination, dans les sphères où seuls pénètrent les malades de la vie rêvée et de l'amour attendu. »

Je veux dérouler avec lui, avec ses mots et les miens, le fil de l'aventure extraordinaire que nous vivons ensemble, en espérant que les sceptiques cessent de l'être et ouvrent simplement leurs yeux, leurs bras et leur esprit à ce moteur vieux comme le monde : l'amour.

3.

Ainsi nous décidâmes de nous marier.

Certains s'en étonnèrent : pourquoi le mariage ? Quel sens a-t-il pour nous, deux fois divorcés, sans parents ni terre natale, non affiliés à une communauté, une religion, une couche sociale définie ? Deux artistes assez marginaux dans leur domaine : un musicien aimé du public mais snobé par ses pairs, en France du moins, et une actrice écrivaine, boudée par le cinéma et les scènes parisiennes mais toujours populaire. Deux célébrités, lui planétaire, moi française. Deux âmes isolées, en somme.

L'idée du mariage n'a soulevé aucun doute en nous. Nous n'avions pas de situation de famille à régler, pas d'hostilité à combattre, nous étions libres et indépendants. Chacun ses maisons, son train de vie et ses habitudes. Le mariage a spontanément exprimé ce que nous ressentions, la nécessité de fusionner ces deux vies en une seule, pour le meilleur et pour le pire. Ne pas se marier aurait été une inexactitude. Il fallait que nous utilisions l'instance la plus radicale, la plus officielle pour nous installer correctement dans notre nouvelle vie.

Souvent j'observe, dans les mariages, que l'un des deux offre une position à l'autre, et se consolide au passage. Rien de semblable entre nous. Notre préoccupation résidait dans l'adéquation entre nos sentiments et le cadre dans lequel nous allions les déposer. L'organisation de la vie se définirait plus tard, chemin faisant. Amoureux de notre indépendance pour les besoins du travail créatif, dans un premier temps nous ne pensions pas vivre sous le même toit constamment. Nous ne voulions pas nous brusquer l'un l'autre. Mais nous voulions être un couple déclaré, légal, devant la société et devant Dieu.

Dieu ? Comment est-il apparu, celui-là ?

Par réflexion ou par effraction ? Par la musique, dois-je vous l'avouer ?

Mais la musique n'est-elle pas d'émanation divine ?

Je suis d'origine russe. Bien avant ma naissance, mes parents se sont mariés en France, à Nice, une fois naturalisés français. Mon père était veuf depuis peu, ma mère était sa cousine et la cérémonie religieuse à la cathédrale orthodoxe de Nice fut discrète. Je suis donc née de parents français, je suis française. Au cours de mon enfance, nous avons respecté les fêtes et les traditions orthodoxes, sans excès. Je me souviens surtout des gâteaux de Pâques, des œufs peints et des chants à l'église.

Michel Legrand a été baptisé catholique, mais du sang arménien coule dans ses veines : son grand-père arménien était orthodoxe et l'emmenait quelquefois aux offices interminables qui lui laissèrent un souvenir éprouvant. Seuls les chants prirent une place à part dans sa mémoire : ces voix particulières, les basses profondes et les musiques slaves qui vous déchirent le cœur.

Ayant déjà été marié par l'Église catholique, Michel ne pouvait pas s'y remarier. Quand je lui ai proposé de célébrer notre union à la cathédrale Saint-Alexandre-Nevski, rue Daru à Paris, il m'a répondu : « Bien sûr », pour la musique, pour les chœurs. Dans la liturgie orthodoxe, depuis le XIXe siècle les chants sont composés par de grands musiciens, Moussorgski, Scriabine, Tchaïkovski. Des chorales remarquables exécutent à chaque messe de véritables concerts, qu'elles répètent et travaillent comme des professionnels. Une de mes amies est soprano dans celle de la rue Daru et participe à la vie de la paroisse, je lui ai donc demandé conseil. Elle me suggéra de m'adresser à l'archevêque et de soumettre mon problème : nous souhaitions nous marier dans son église, mais je suis divorcée et Michel est catholique !

L'archevêque demanda à rencontrer Michel et, au cours d'un tête-à-tête d'une heure, lui posa la question fatale :

– Croyez-vous en Dieu ?

Michel répondit avec franchise :

– Non. Mais je crois à une force supérieure au-dessus de nous.

L'archevêque, contre toute attente, rétorqua :

– C'est normal, car VOUS êtes Dieu. Vous, les créateurs, vous êtes une parcelle de Dieu, votre musique et votre génie sont la parole de Dieu.

Michel, bouleversé, se pencha pour embrasser sa main, ne sachant pas que justement la tradition ecclésiastique le préconise.

– Mais seriez-vous disposé, ajouta le prêtre, à vous convertir à la religion orthodoxe ? Ainsi nous pourrions vous marier sans froisser les catholiques.

Michel accepta sans hésiter, conquis.

Et nous voilà, quelques jours plus tard, convoqués à un office du jeudi pour nous confesser, puis baptiser Michel. Les orthodoxes tolèrent le divorce deux fois. La première oblige les sujets à faire pénitence avec le prêtre qui les a mariés et qui se considère partiellement responsable de l'échec. La deuxième n'engageant plus la responsabilité du prêtre, les pénitents peuvent se remarier, mais en noir, sur le côté de l'église. J'étais dans le premier cas, je pouvais me marier en blanc.

À l'issue d'une messe de deux heures, chantée par le chœur réduit des jours de semaine, Michel reçut les huiles saintes et la bénédiction, nous communiâmes tous les deux et nous sortîmes de l'église déserte sous les yeux bienveillants de l'archevêque qui semblait aussi heureux que nous.

Je pouvais donc planifier ce mariage orthodoxe et réfléchir à la cérémonie qui suivrait. Rapidement j'ai compris que Michel souhaitait une vraie fête. Avant tout, un spectacle. Nous offririons à nos amis ce que nous aimions le plus : la musique, du classique au jazz, de la chanson à l'opéra, de la poésie aux sketches humoristiques. Les amis. Quels amis ? En additionnant le carnet de Michel et le mien, on dénombrait mille cinq cents noms ! Impossible. Aucun lieu ne pourrait accueillir autant de convives ! Sans parler de la considérable dépense…

Une décision s'imposa aussitôt : nous n'inviterions que ceux que nous aimons et qui nous aiment. Pas de relations mondaines ni de personnes « utiles » ou médiatiques. Que de vrais amis. La liste maigrit de moitié. Mais sept cent cinquante « incontournables », il faut tout de même les loger ! Avec notre assistante, l'inébranlable Catherine, nous organisâmes cette fête somptueuse et néanmoins chaleureuse dans un lieu magique, l'abbaye des Vaux-de-Cernay. Tous nos amis participèrent au spectacle improvisé qui précéda le feu d'artifice et le dîner, sous un chapiteau classé que nous fîmes venir d'Angleterre. Michel et son big bang se surpassèrent. Natalie Dessay et son mari Laurent Naouri interprétèrent la chanson de *Peau d'âne* sur des paroles réécrites pour nous. Jean-Marc Luisada, Marc Laforet, Erik Berchot et François-René Duchâble, éminents pianistes classiques, rivalisèrent de virtuosité. Vincent Niclo et Marie Oppert chantèrent en duo les airs des *Parapluies de Cherbourg.* Maurane et Liane Foly ceux des *Demoiselles de Rochefort.* Les Cinq de Cœur brillèrent avec leurs hilarants sketches musicaux et Pierre Richard fut l'éclat de rire de la soirée, en duo avec Stéphane Lerouge, le musicologue biographe de Michel. Moi, j'ai dit un morceau de *Babar* de Poulenc. Benjamin, le fils de Michel, chanta du jazz, et j'en passe : les balalaïkas d'Andrei Chestopaloff, Ivry Gitlis en faux tzigane et Philippe Bouvard ébloui, le nez en l'air pour ne rien rater des salves pyrotechniques et des projections de films sur les remparts de l'abbaye cistercienne. Une vraie fête. Un cadeau à nos amis, et à nous-mêmes, sans aucun sponsor, aucune récupération. Quelques photos et le souvenir. Des images impérissables strictement privées.

Alors j'y reviens : pourquoi ce mariage ?

En dehors de notre besoin d'être en accord avec l'importance de ce qui nous arrivait, nous désirions commencer notre vie commune par un geste d'exaltation et de joie. Pour remercier le ciel (à l'église), et le monde (avec nos amis, nos compagnons de route et de travail). On mettait tout de suite la barre très haut, en annonçant que nous ne nous contenterions de nulle médiocrité, de nulle tiédeur.

Un acte d'orgueil ?

Non, de modestie et de fierté, au contraire. Nous avons pour devoir de vivre notre amour en champions, puisque nous avons reçu cette grâce. Chaque jour, chaque minute seront intenses et miraculeux. À nos âges, avec notre savoir, nos parcours, c'est la moindre des choses. Nous allons produire une œuvre d'art, un modèle unique et sans prix.

Comme tous les grands amours.

Les principes de prudence psychologique et de bonne gestion conjugale débités par les manuels ne sont pas pour nous. Nous abordons les temps qui viennent poitrine ouverte. Nous sommes conscients d'investir un champ immense et ambitieux.

L'entreprise pourrait effrayer. Certains reculent devant l'amour. Trop fort, trop impliquant, trop risqué. Les statistiques enseignent que la passion s'émousse, au bout de trois ans, dit-on. Nous savons que ces prévisions ne nous concernent pas, car nous visons un objectif plus vaste que le bonheur. Nous nous préparons à devenir immortels. À ne pas mourir, je dis bien. À entrer dans des mondes suspendus qui n'admettent que les gens qui s'aiment.

Qui s'aiment de cet amour-là, auquel nous avons dit oui.

Ni mode d'emploi ni catalogue de conseils, cet ouvrage trace une piste qui conduit à une certitude : la victoire de l'esprit sur la chair. Non que la chair n'existe pas : au contraire, elle est notre instrument de prospection et de partage. Dotés de la pensée et des sentiments, les humains ont la possibilité d'échapper au carcan de leurs corps périssables et de ses pauvres sensations. L'esprit nous élève et la lévitation est possible et autorisée pour tous. Rien, aucune loi, aucune interdiction, aucune condition physique ou sociale, ne peut l'entraver. L'amour est libre comme l'air, plus léger et volatil que l'air. L'amour traverse les falaises et les montagnes. On a découvert les neutrinos qui transpercent la matière ; l'amour agit bien mieux, il traverse les corps et défie le temps, il est visible et invisible à la fois, il n'a pas de consistance, mais réchauffe comme le soleil. Insaisissable, on ne peut le capter, mais on sait quand il est là.

4.

Toutes les religions se sont emparées du vocabulaire amoureux. La joie, la vénération, la ferveur, l'offrande, la soumission, le dévouement, le désir, la volupté, l'ivresse, l'extase, toutes ces manifestations de l'éros sont happées, détournées. Ce que les humains ressentent les uns pour les autres est passé au crible de la morale, et les meneurs d'âmes s'approprient les émotions pour gouverner nos consciences. Tour à tour, les passions sont exaltées ou condamnées, selon les époques. Le sentiment amoureux n'a pas échappé aux purges. Les grandes amours secrètes et contrariées font le lit de l'Histoire : de Roméo et Juliette à Héloïse et Abélard, de Tristan et Iseult à Antoine et Cléopâtre, ou même Adam et Ève. Leur proscription est en général politique ou sociale, quand les religions dictent la loi. Mais rien à faire : l'humanité retient ces exemples comme des modèles admirables. L'amour a bonne presse auprès des populations, et mauvaise presse auprès des pouvoirs, religieux ou pas. L'amour dérange, bouleverse les règles et les arrangements, justement parce qu'il est essentiel. On a beau tenter de ne l'appliquer qu'à Dieu, à la patrie ou au clan, l'amour est libre, incompressible et indomptable. C'est sa caractéristique, la preuve de son omnipuissance.

Je n'aurai pas l'outrecuidance de nous comparer à ces couples mythiques, mais je les sens proches et complices. Je les comprends, leurs histoires me sont familières. Ils sont sympathiques à tous, surtout s'ils ont péri sur l'autel de leur amour. Certains les jugent excessifs et redondants. Irréels. Les cartésiens les trouvent même infantiles et ridicules.

Il est vrai que le langage amoureux contient une dose d'ingénuité assimilable à de l'immaturité. Pourtant il faut être très vieux pour aimer (j'y reviendrai). Avoir eu plusieurs vies. Ou plusieurs vies antérieures. Avoir fait le tour des faux-semblants et des égarements, qui laissent un arrière-goût de défaite. Je ne crois pas que l'amour soit l'apanage de la jeunesse, tout du moins l'amour conscient et total. Quitte à en choquer quelques-uns, je pense qu'il faut avoir vécu, s'être brisé les os une fois ou deux, pour accueillir un grand amour.

On dit : le « grand amour ». Il est grand en effet, il lui faut toute la place, l'exclusivité et la priorité absolues. Quand on est jeune, cela peut paraître invalidant. On pense à ce qu'on perd plus qu'à ce qu'on gagne. On croit aliéner sa liberté, se priver des mouvements individuels, alors que c'est l'opposé : l'amour unique libère les talents et les énergies personnelles. Dans la culture française, on pratique l'adultère comme un raffinement évolué et libertaire. L'adultère est sinistre au contraire, il dénonce une insatisfaction et une déperdition d'énergie, comme une fuite d'eau débitée par un compteur fou. L'adultère est devenu un sport, un sujet de comédie et de roman. Pourtant, il tourne court et se clôt dans l'amertume.

Un amour unique comble, plusieurs amours simultanés assèchent.

La solitude est vaincue par une relation exclusive qui écarte toute éventualité de concurrence. On ne le comprend qu'à un certain âge, après avoir tâté des autres formules qui semblent neuves et audacieuses mais qui se révèlent bancales et trompeuses.

Ne plus avoir besoin de regarder autour de soi est un délice. On a trouvé. On n'a plus à chercher. Curieusement, des portes s'ouvrent au lieu de se fermer : celles de l'accès à soi-même, au travail intime et pressant qu'on tardait à engager, tant il exige de paix intérieure. Ce travail, cette tâche commence là où l'inquiétude sentimentale finit. On se présente au monde avec la pureté et la candeur du nouveau-né, petit animal frêle et goulu. Protégé par l'appui inconditionnel de l'amour, on peut enfin se hasarder dans les chemins de nos ambitions premières, souvent abandonnées par faute de stabilité psychologique. J'ai l'étrange sensation de commencer à vivre, d'être au début d'une aventure grandiose. Je ne sais pas si c'est un privilège ou une épreuve. Mais ce dont je suis sûre, c'est que j'y vais avec plaisir.

J'ai une triple mission : celle d'être heureuse (et par conséquent plus agréable aux autres), celle de produire du bonheur pour que Michel coule les plus belles années de sa vie et celle de transmettre la splendeur de cet amour, comme la mer renvoie les éclats du soleil. Je ne dois rien cacher, ma vie ne m'appartient plus complètement, elle est au service de ce grand événement, de cette chance. Pas seulement au service de l'homme que j'aime, ce serait misérable et étriqué, mais au service de la cohérence que nous formons ensemble, qui irradie toutes nos entreprises.

Les amis, les premiers témoins, ne s'y trompent pas. Ils voient que nous ne sommes plus les mêmes : de nos visages émane un calme continu, contagieux et palpable. Une espérance. C'est donc possible. Ce qui nous arrive le prouve, on peut accéder à cette dimension-là. L'amour plane au-dessus de tous, il peut se poser sur vous comme il s'est posé sur nous. Les gens nous arrêtent quelquefois dans la rue, ils nous sourient et veulent nous toucher, nous embrasser, comme pour absorber un peu de cette aura qu'ils perçoivent. Vous me direz : notre amour est frais, il n'a que trois ans. Au début, les amoureux sont sur un nuage, détachés des réalités. Mais notre amour n'a pas trois ans, il en a CINQUANTE-trois ! Nous savions déjà, il y a cinquante ans, que nous étions faits l'un pour l'autre, comme on dit. Les deux moitiés d'un fruit coupé par le milieu. Le gant gauche et le gant droit de la même paire. Le ruban mâle et le ruban femelle d'un double-face. Le sort a décidé de nous réunir, mais nous ne pouvions imaginer ce qu'il nous réservait.

Souvent nous nous demandons : qu'en aurait-il été de notre amour si nous avions décidé de le vivre à ce moment-là ? Stérile et vaine idée que celle de se projeter dans le passé avec des « si ». Tentant exercice de la pensée cependant. Je suis personnellement convaincue que le destin a agi en notre faveur. Nous n'étions pas prêts à vivre un tel événement. Nous étions encore à la recherche de nous-mêmes. Je m'apprêtais à participer à l'ébullition de 1968, mes amis m'appelaient la « mutante » à cause de mes vêtements Courrèges attachés par des scratches et mes opinions féministes tranchées. Michel allait affronter les États-Unis et Hollywood, il avait autre chose en tête que de vivre un grand amour. Nous avons foncé l'un et l'autre vers nos horizons opposés. Nous nous sommes heurtés aux obstacles avec la même détermination, chacun de son côté. Aujourd'hui, nous nous offrons cinquante ans de notre vie, cinquante ans de tribulations, de réussites et d'échecs. Je ne regrette rien de ce que j'ai vécu, j'ai rencontré des hommes magnifiques, je ne les ai pas assez aimés, sans doute, mais j'ai éprouvé auprès d'eux des émois et des chagrins que je n'aurais pas voulu ne pas connaître. Jean-Pierre m'a éveillée au cinéma et à la politique, mon Dieu, que j'étais jeune ! Fouli m'a enveloppée de son charme oriental et de son humour mordant. Henry m'a ouvert la porte de l'Amérique, celle du New York des grandes années 1960. Gian Vittorio m'a offert la chaleur d'une famille exclusive. Armando celle de la Toscane, de la nature et des arts. Constantin m'a poussée à écrire. Stéphane à rire. Luciano à regarder. Benoît à m'intérioriser.

J'ai grandi, je me suis affermie.

J'ai souffert.

J'ai pleuré, mais je n'ai jamais eu peur, comme si je devinais que quelque chose viendrait, que ma bonne étoile m'appellerait un jour. Et j'avançais, cahin-caha. Je me maintenais entière, je ne me bradais pas, quitte à passer pour une femme imprenable. Je pensais me donner, en vérité je ne me donnais pas, mes compagnons s'en plaignaient.

Les défenses que j'avais bâties au fur et à mesure de mes ratages sont tombées d'un coup quand j'ai retrouvé Michel. En une seconde, je suis redevenue la jeune fille qu'il avait connue au Brésil, quelques rides en plus. Et beaucoup de curiosité pour cet homme que j'avais adoré tant d'années auparavant. L'espoir suscité par l'amour ne disparaît jamais, il se tapit quelque part, muselé dans un coin de la conscience pour ne pas être douloureux, mais il jaillit dès qu'on le libère, plus vivace et prometteur que le printemps. J'étais résignée, croyais-je, je pensais avec sagesse et prudence que ma vie de femme se développait autrement. Que ce n'était pas si grave d'être seule. Qu'une actrice se devait fatalement à ses rôles, une écrivaine à ses œuvres. Qu'un homme m'aurait gêné, que j'avais ce que j'avais voulu, que je n'avais pas à me plaindre.

La tornade de l'amour partagé a balayé tous ces raisonnements.

Et voilà un homme qui me dit :

– Tu es l'amour de ma vie, je voudrais que tu sois ma femme.

Il était ferme et précis. Déterminé. Viril.

Il m'aimait. Il aimait l'idée de m'aimer.

L'« amour-conquête » est brutal, temporel et pressé. L'« amour-amour » s'inscrit patiemment dans le temps long, sans foucade.

Je pouvais ouvrir les vannes de l'amour qui sommeillait en moi.

Parenthèse : je ne crois pas à l'amour à sens unique, aimer quelqu'un qui ne veut pas de vous n'est pas aimer. L'amour se chante à deux. Les autres inclinations relèvent du masochisme. Ou de la paranoïa. Mourir d'un amour sans écho, c'est chercher l'humiliation et la souffrance. C'est un permis de haïr l'ingrat(e) qui vous refuse, donc de cultiver des raisons de le (la) tuer.

La mort rôde dans les plis des lettres d'amour non ouvertes.

À l'inverse, la vie prolifère dans la chaleur de l'amour partagé.

Nous sommes entrés rapidement dans cet amour comme dans une maison préparée pour nous, avec de grands lits accueillants. Désormais les contrariétés ne peuvent provenir que de l'extérieur. Dedans, le moindre désaccord est dépisté, dénoncé, disséqué et aplani. Nos visions du monde divergent fréquemment, mais nos différences n'affectent jamais le socle central : notre entente profonde et le culte de notre amour.

En politique, par exemple, Michel a des réflexes de droite et moi je pense résolument à gauche. La merveille est que ces divergences, rédhibitoires pour moi par le passé, m'apparaissent anecdotiques, périphériques. J'espère toujours le convertir, je plaide, j'argumente. Je teste en passant la solidité de mes convictions. Mais je ne m'insurge pas contre les siennes. Par exemple, son pessimisme sur la vertu du suffrage universel, du vote en général, pour lui truqué, piloté et manipulé par les médias. Ses longues années passées à l'étranger, où il a été accueilli comme jamais il ne le fut en France, ont affecté sa confiance dans les hommes politiques de notre pays. Peut-être en attend-il trop ? Ailleurs, il se fichait de qui gouvernait, il était de passage, ce n'était pas son pays.

Je combats ses blocages. Nous avons des batailles verbales homériques qui se terminent par des rires et des baisers. Je demeure une fervente pratiquante du débat et de la confrontation. La république me semble la seule invention valable. Elle est malade un peu partout dans le monde. En France, on est plutôt moins mal nanti. Certes, la démocratie manque de poésie, elle ne suscite pas d'emballement ni d'adhésion vibrante, mais elle demeure le seul système acceptable à ce jour. Les dictatures sont flamboyantes et les dictateurs pittoresques. Gardons-les pour nos fictions et jeux vidéo, ils sont à l'aise dans le virtuel qui flatte les instincts sauvages et meurtriers. L'homme n'est ni bon ni mauvais : il est civilisé ou inculte.

Voilà la problématique de la *res publica* : comment gouverner ensemble des populations de niveaux culturels différents ?

Le seul terrain universel est le privé. L'amour, les enfants, la tendresse, l'affection, la compassion. La terre entière se retrouve dans ces valeurs incontestées, qui nous touchent de près et pourraient nous rassembler. Si nos gouvernants parlaient un peu plus d'amour et un peu moins de droits, de chiffres et de pourcentages, ils seraient peut-être plus écoutés. Si des cathédrales laïques réunissaient les citoyens pour glorifier ensemble les occasions d'aimer, on oublierait que le pain est dur à gagner et le bois de chauffage polluant et trop cher.

Michel est un homme qui a le courage de dire : « Je t'aime. »

Il est une exception, en tout cas parmi les hommes de ma génération. J'espère que les plus jeunes se sont un peu libérés, mais mes doutes demeurent. J'ai navigué avec des hommes de tous âges, certains beaucoup plus jeunes que moi. Je pense qu'ils m'aimaient, mais ils ne le disaient pas. Toujours cette peur de s'engager, de perdre quelque chose. Les Français, pourtant réputés pour être des *latin lovers*, détiennent le bonnet d'âne des mauvais amoureux. Ils sont rarement fidèles parce qu'ils ont peur de l'amour. Ou bien on leur a enseigné à s'en méfier. On est aliéné, prisonnier, ligoté par l'amour. Que deviennent l'indépendance, la raison, le libre arbitre ? Impensable de laisser entrer chez soi l'inexplicable, l'irrationnel. Il faut absolument se trouver des arguments pour accepter d'aimer. Une sorte de rentabilité de l'amour, un retour sur investissement. On aime l'autre pour ses qualités ou ses mérites. Pire, pour sa beauté physique.

Quelle erreur ! On aime pour aimer, pour vouloir le bonheur de l'autre. Tant mieux si la personne aimée a des qualités, si elle est agréable à regarder, bien que la beauté physique donne un regard creux, froid. La bonté, la douceur, la malice se nichent souvent dans les yeux d'individus moins bien dotés par la nature. L'amour ne se décerne pas à l'issue d'un concours : je l'aime parce qu'il est le meilleur, parce qu'elle est la plus intelligente, le plus doué, la plus riche. Non. Quand on aime, on ne vante pas les mérites de l'autre, on aime tout, y compris ses défauts. Les défauts sont attendrissants, plus attachants que les aptitudes. On peut s'irriter des gaffes commises, gronder, se fâcher un peu, mais on est toujours du côté de la personne aimée, on ne la juge pas.

Parce que la personne aimée est comme toi-même, si elle est en difficulté, tu es en difficulté. Et personne n'est parfait…

Si chacun verse dans le compte commun du couple ce qu'il sait le mieux faire, c'est avant tout pour veiller au bonheur de l'autre.

Je m'occupe de ton bonheur, tu t'occupes du mien.

5.

Au chapitre des maladies, il est étonnant de constater combien on peut soulager celui qui souffre rien qu'en étant à ses côtés. Je vais plus loin : j'ai constaté qu'on se guérit l'un l'autre, on passe ses résistances à celui qui en manque. La science commence à s'intéresser à ce phénomène, les preuves s'accumulent : dans la cohabitation fusionnelle, les pathologies s'équilibrent, chacun bénéficiant de la condition physique de l'autre. On se passe la santé, en quelque sorte, en terrassant à deux les infections chroniques. On finit par croire que le même sang coule dans nos veines, dans la volonté de tout partager. Les gros accidents peuvent être atténués, voire évités, par exemple les cancers. Les enfants malades guérissent plus vite quand ils sont soignés par une maman aimante. Dans les couples unis, on joue tous les rôles. Je veux bien être ta mère, ta sœur, ta fille. Veiller à ton bien-être, c'est veiller au mien. Et si tomber malade était une expression d'amour, une sorte d'abandon confiant, pour tisser des liens encore plus forts avec l'autre ?

Car l'amour est vorace. Il veut tout. La tête, le corps, le sexe, la parole, les rêves. On m'a raconté que Bernard-Henri Lévy sermonna Arielle Dombasle à Marrakech, un matin au petit déjeuner, parce qu'elle n'avait pas rêvé de lui pendant la nuit. L'histoire ne dit pas si elle fit pénitence. L'invasion de l'amour ne me surprend pas, j'admets sans peine qu'elle atteigne l'inconscient. Depuis quelques semaines, je rêve chaque nuit d'un des hommes de ma vie, comme si je les quittais définitivement, l'un après l'autre. L'un d'eux me disait même adieu et, quelques jours plus tard, j'ai appris qu'il venait de mourir. Je ne raconte pas tout cela à Michel, il le découvrira dans ce livre, je trouverais malsain de lui dévoiler les méandres de mes songes. Il n'est pas mon psychanalyste, ni mon confident. Je ne lui cache rien. S'il m'interrogeait, je lui ferais part de mes rêves, mais il ne s'y intéresse pas, il est tourné vers l'avenir, notre avenir.

Nous avons un programme si chargé ! Réussir nos projets artistiques et professionnels, séparément et ensemble, et en même temps jouir à tout moment de nos échanges permanents, du ping-pong de nos vives conversations, alimentées pas les événements extérieurs et par la découverte de nos réactions émerveillées. On dirait que la vie s'emballe autour de nous.

Michel connaît en ce moment un épanouissement de compositeur, avec des pièces classiques qui vont secouer le landernau musical. Un concerto pour piano et orchestre qu'il interprète lui-même, et un oratorio en quatorze arias chantés sublimement par Natalie Dessay. Deux œuvres majeures très différentes de tout ce qu'il a composé jusqu'ici. Sans compter ses pièces de jazz qui continuent à nous éblouir. Les événements s'égrènent comme les coups d'un palpitant jeu d'échecs déployé devant nous. Ensemble, nous savourons les péripéties du monde imprévisible de la sphère publique, le lancement d'un CD, d'un spectacle innovant, d'une nouvelle facette de son génie. Les œuvres inédites comportent toujours un risque. Comment seront-elles reçues par les critiques ? Par le public ? Je sens qu'il espère réussir ce *come back* parisien, mais rien ne lui importe autant que la bonne marche de notre amour. Je le vois serein et amusé, ses colères légendaires envolées. Quand on monte sur la marche supérieure de la vie, on voit tout de haut.

Moi, je vais retrouver les planches après quelques années d'absence, avec deux pièces magnifiques, deux rôles superbes. Michel suit pas à pas l'avancement de ces projets, avec un intérêt non feint. Il est près de moi. Je ne crains plus rien. En plus du plaisir de jouer, j'ambitionne de le séduire, je veux qu'il soit fier de moi.

Par ailleurs, au bout d'un an de mariage, nous avons décidé d'inventer un habitat commun qui réponde à nos exigences, des lieux pour les pianos de Michel (un Steinway à queue de concert et deux Yamaha droits), un lieu d'écriture pour moi, une cuisine fonctionnelle où je puisse exprimer mes talents de cuisinière et deux salles de bains – indispensable garantie de l'intimité de chacun. Nous mêlons allègrement mes goûts et les siens, ses tableaux du XIXe et mes toiles abstraites, ses cannes à pêche et mon sauna, ses vins rouges et mes vins blancs, ses livres et mes ordinateurs. Deux vies d'adultes à harmoniser dans un seul lieu. Cela réclame de la délicatesse, des accommodements, mais pas de sacrifice. Surtout pas de sacrifice, rien n'est plus nuisible que le sacrifice. On le paye toujours, à un moment ou un autre.

Une ancienne maison rénovée conjuguera nos désirs et nous oblige à un examen pointilleux de nos besoins réels. On se redéfinit avec jubilation, on se regarde en face. Tout déménagement sert à cela, à se débarrasser de manies ou de caprices qui jalonnaient la vie d'avant et qui perdent soudain leur sens. On s'aperçoit qu'on s'encombrait de grigris inutiles, dont on n'a aucun mal à se priver. On s'allège. Les souvenirs tombent à nos pieds comme de la paille mouillée.

Le passé est perdant, il est fade à côté du futur.

6.

Le futur.

Il nous submerge.

La finalité de l'amour est le futur.

Il n'y a pas d'amour, il n'y a qu'un projet d'amour.

Grisante obligation : se saisir de cette nouvelle force pour réaliser des plans anciens, jugés insurmontables jusque-là. Se montrer à la hauteur de cette manne, précieuse et rare, qui est tombée sur nous. De là-haut, on nous regarde, on a misé sur notre affaire, ce n'est pas une plaisanterie. Se vautrer dans un amour immobile serait lamentable. Et dangereux. Le mouvement prolonge le bonheur, comme un moteur qui tourne entretient une voiture de sport.

Les gens nous observent.

Juste après la louange – « Comme vous êtes beaux, comme vous avez l'air heureux, vous nous donnez de l'espoir » –, je vois luire l'œil perfide du pari : « Combien de temps durera cette union ? Tiendront-ils ? À leurs âges et avec leurs caractères bien trempés, ça ne doit pas être marrant tous les jours… »

Ce que les gens ignorent est la nature même de l'amour.

L'amour est une promesse.

Une cure de jouvence.

Une hormone de croissance.

L'amour ne vaut que pour l'avenir qu'il enclenche.

Le changement.

Il ne chôme pas. Il anime les cellules et tous les organes vitaux. Une sorte d'adrénaline permanente. Orientées vers le même but, nos facultés décuplent et rien ne peut nous arrêter. Jamais Michel ni moi n'avons été aussi actifs. Malgré nos tempéraments de paresseux doués. Michel, élégant et amoureux, dit : « Tu vois, c'est grâce à toi. » Mais ce n'est pas grâce à moi, c'est grâce à NOUS, à cette turbine faramineuse qui nous pousse et nous donne des ailes.

Soit. Nous ne sommes pas des personnes banales. Je devais probablement me mesurer à un homme exceptionnel et Michel est heureux de pouvoir m'associer à tous les secteurs de sa vie de créateur. Je ne suis pas musicienne, mais je suis « du bâtiment », avec ma vie d'actrice. Nos retrouvailles advinrent dans un théâtre, je l'ai dit dès les premières pages de ce livre. Il venait me rendre visite tous les soirs dans la loge de Jean-

Claude Brialy, que j'occupais aux Bouffes-Parisiens. Dans ce même théâtre, Michel avait monté avec Didier van Cauwelaert et Alain Sachs *Le Passe-Muraille* d'après Marcel Aymé, un spectacle musical qui se joua pendant un an. Il aime le théâtre, l'ambiance des coulisses, les odeurs de colle et la poussière qui vole dans les cônes de lumière des projecteurs. Il est un *showman* : quand il monte sur une scène, il en prend possession instantanément.

De mon côté, je ne pratique aucun instrument mais je suis mélomane et, aubaine, passionnée de jazz. Au Brésil, il y a cinquante ans, nous avions vite découvert ce lien entre nous, nous aimions les mêmes jazzistes américains, Harold Land, Bill Evans, Stan Getz et Gerry Mulligan. Il avait été surpris de mes compétences en la matière et lui-même ne se doutait pas qu'il se produirait un jour avec ces stars mythiques. Je partage son engouement pour bon nombre de ses musiciens classiques favoris, Prokofiev, Stravinski, Ravel, Gershwin et bien sûr Jean-Sébastien Bach. Je m'amuse quand il assassine Beethoven ou Schubert, et quand il fait le tri dans les œuvres de Mozart. Son parti pris est d'une logique implacable et traduit son credo en matière de musique. Il dit :

– Je sais quand il y a de la musique et quand il n'y en a pas. Il y en a très rarement, sauf chez Bach, où il y en a tout le temps.

Maintenant que j'ai écouté beaucoup de musique avec lui, je comprends ce qu'il veut dire. Il m'a fait un aveu :

– Dans mon concerto, il y a UNE note, une seule note qui est inattendue et qui enlève le deuxième mouvement. Cette note-là, c'est le bon Dieu qui me l'a soufflée.

Je l'ai repérée, cette fameuse note. En réalité, il s'agit d'un groupe de notes, de quartes et de quintes inhabituelles qui surprennent et donnent la chair de poule. On suffoque, on est captivé, l'oreille rivée à ce qui suivra. On trouve des surprises de cet acabit dans Bach, après une plage d'accords tranquilles. Soudain, il nous entraîne ailleurs, par des détours audacieux, à la limite de l'interdit harmonique, et néanmoins heureux. Michel détient le secret buissonnier de ces chemins de traverse musicaux.

En musique on pourrait penser que tout a été écrit, toutes les combinaisons, tous les accords. Si on se borne à la musique tonale, il n'y a que douze notes à disposition. Trouver UNE note inédite est, en effet, un exploit. Bien entendu, il faut maîtriser tout le reste, l'orchestration, les variations mélodiques, les ruptures et les dissonances heureuses. Michel est un magicien. Il compose à toute allure, avec une aisance stupéfiante. On reconnaît son style immédiatement. Ses musiques sont savantes, originales et pourtant limpides. On les retient aussitôt. Elles entrent dans l'inconscient collectif comme si on les connaissait déjà. Elles sont universelles et accueillantes, elles ne laissent personne sur le pas de la porte. En ce sens, on peut dire qu'elles sont « populaires ». Colette disait : « Il faut, avec les mots de tout le monde, écrire comme personne. »

Certains adeptes de la musique contemporaine contestent ce diktat. Ils prétendent qu'il faut se placer très en avance sur son temps pour être compris cent ans plus tard. Dans ce cas-là, que dire de Mozart ou de Haendel ? Ils écrivaient des musiques de leur temps et demeurent les champions indiscutés de tous les concerts, à travers les siècles.

Le public est fidèle et volage à la fois. Les experts n'ont plus sa confiance, et on remarque des divorces énormes entre la sélection des professionnels et les artistes sacrés par les auditeurs. Pour Michel, il ne faut écouter ni les uns ni les autres. Il compose la musique qu'il voudrait entendre, c'est tout. Il est heureux quand il se sent apprécié, mais il s'en fiche un peu, il travaille pour lui-même, pour aller plus loin, pour traquer les assemblages de notes qui produisent des émotions sonores nouvelles. Mais acceptables à l'oreille. Il dit :

– Je suis un classique. Je ne crois pas à la musique qui renonce aux règles classiques. C'est déjà très difficile de manier les lois de la composition musicale, c'est un langage abstrait qu'il faut apprendre, pendant de longues années, comme une langue étrangère.

Sa formation auprès de la redoutable Nadia Boulanger au Conservatoire de Paris l'a muni de ces clés. Il a adoré les années terribles qu'il a passées sous la férule de cette pédagogue hors pair, et le travail assidu, quasi obsessionnel, qu'elle lui imposait, en le privant de sa jeunesse. Il lui sera éternellement reconnaissant de l'avoir instruit, formé, éduqué à l'excellence et à l'humilité. Il était certainement l'élève le plus brillant de sa classe, elle le matraquait d'exigence et de rigueur. Elle savait canaliser son caractère fougueux qui explosait de temps à autre. Quand il en trouvait le temps, l'exercice physique servait de soupape au jeune prodige. Sport à outrance, toujours.

Michel est un cas à part. Il est tellement doué qu'il peut tout se permettre. Sauf de s'ennuyer. Sa boussole est la curiosité, l'envie de sonder des espaces périlleux, non conventionnels. Il y a chez lui une fibre d'aventurier, d'orpailleur, toujours à la recherche d'un trésor. Je suppose que ce bras de fer avec la perfection est la condition même de l'artiste, toujours insatisfait, toujours en recherche. Là où il est époustouflant, c'est qu'il trouve toujours ! Pas un morceau sans une trouvaille, une perle. Non, non, je ne suis pas partiale, je ne suis pas la seule à m'émerveiller. Son entourage, ses producteurs, ses musiciens, son copiste n'en reviennent pas. On ne peut le comparer à aucun autre compositeur. Son éclectisme lui est reproché par les puristes, entre le jazz, la chanson, la musique de film et la musique symphonique, mais dans chaque domaine il fait mouche, il apporte de la vigueur et de la fantaisie.

Je lui dis souvent :

– Où vas-tu chercher tout ça ? On dirait que tu possèdes un garde-manger musical au-dessus de toi, il suffit que tu tendes la main pour trouver ce dont tu as besoin !

Il rit, mais j'imagine que ce doit être assez troublant d'accéder ainsi à des réserves surnaturelles relevant d'une forme de voyance et de pouvoir médiumnique. Marguerite Duras s'est exprimée à ce sujet. Certains livres, dit-elle, lui auraient été dictés et commandés. Elle les a rédigés dans une demi-transe combattue par l'alcool. Elle buvait pour assommer cet être envahissant, ce double d'elle-même qui écrivait à sa place.

La grande Colette, elle, suicidait à petit feu l'écrivain en elle à coups de haricot de mouton bien gras et de vins de Bourgogne, strictement interdits à son arthrose déformante.

Michel avait autrefois une autre manière de juguler le flot débordant de son inspiration : il allait jouer au tennis pendant des heures, jusqu'à l'épuisement. Puis il retournait à sa table toute la nuit, alignait des milliards de minuscules notes noires sur des pages et des pages striées de portées, une pour chaque instrument, une pour chaque pupitre. Des litres de café en renfort. Au petit matin, rompu, il livrait à son copiste ses orchestrations, avant de s'écrouler de fatigue ! Aujourd'hui, il prend sa voiture qu'il pousse à 200 à l'heure sur l'autoroute...

Chacun sa riposte, chacun son bâton.

Les créateurs soulèvent des flux d'énergie au-dessus de leurs têtes, ils s'apparentent aux mystiques et aux chamanes. C'est dangereux, la création. Certains y ont laissé leur peau ou leur santé mentale : Nietzsche, Camille Claudel, Schumann. D'autres se protègent par une vie méthodique et quadrillée, des « habitudes impérieuses », comme disait George Sand de Chopin. Ravel vivait dans la solitude de sa petite maison-musée où les objets ne quittaient jamais leur place. Paul Claudel, frère de Camille, menait une vie bourgeoise avec des repas à heures fixes, en silence, devant sa femme qu'il appelait « bobonne ». Victor Hugo faisait carrément tourner les tables et conversait avec les esprits des grands poètes, Dante, Shakespeare, Cervantès. On ne cessera jamais de chercher à percer les mystères de la création.

C'est aussi pourquoi les artistes sont de grands amants. L'amour ne leur fait pas peur. Ils s'y adonnent avec la témérité des pionniers et des révolutionnaires.

L'amour est leur matière première. Et leur carburant. Qu'ils le pratiquent ou qu'ils l'imaginent. Un artiste peut avoir une relation amoureuse avec un autre artiste sans qu'ils couchent ensemble. Lou Salomé et Rilke, Edith Wharton et Henry James, Marguerite Duras et Yann Andréa. Les choses du sexe prennent des allures multiples.

7.

Le sexe.

Nous y voilà.

Une question que je ne peux pas éluder.

Michel, le pudique, se crispera à ces mots. N'aie pas peur, je crois que notre histoire est très belle et mérite d'être racontée.

À Rio de Janeiro, en 1964, nous n'avons pas fait l'amour. Nous le désirions mais l'afflux de nos sentiments, la découverte électrique de nos affinités occupait les heures et les minutes que nous passions ensemble, volées au programme des manifestations de ce festival de cinéma. Je résidais au Grand Hôtel Copacabana, Michel était logé dans un autre hôtel, plus loin sur la baie. Il montait quelquefois me chercher dans ma chambre et m'attendait dans le petit salon de ma suite pendant que je me changeais après la plage. Nous étions enfin seuls, il me prenait dans ses bras, on s'embrassait longuement mais une barrière se dressait entre nous, interdisant d'aller plus loin. Il était marié et moi fiancée. Notre sens moral nous freinait irrévocablement, perturbé par nos baisers brûlants. Nous parlions. Nous parlions sans cesse. Je l'écoutais et il m'écoutait. Nous étions ivres de nous connaître, de comparer nos pensées, nos références. Imbibée de marxisme, je lançais des oukases et des certitudes qui le faisaient sourire, mais qui l'intriguaient. Mes lectures n'étaient pas les siennes, je citais des auteurs qui lui étaient inconnus et dont, je me souviens, il notait les noms dans un carnet. Plus tard, il m'avoua que, de retour à Paris, il s'était précipité dans une librairie pour acheter *Paix dans les brisements*, *Plume* et *La nuit remue* d'Henri Michaux dont je lui avais rebattu les oreilles !

Faire l'amour aurait probablement calmé nos ardeurs, mais aurait brisé quelque chose, un vœu instinctif que nous étions en train de prononcer. Qui sait si Cupidon ne nous préparait pas à mieux nous aimer plus tard, bien plus tard ?

J'avais, et j'ai toujours, une conception assez absolutiste de la sexualité. L'accouplement, pour moi, constitue un moment qui nous rapproche de ce sommet de la pyramide vers laquelle tend désespérément l'humanité, une quête d'absolu en somme, un chemin vers Dieu. Dans l'instant ineffable où les corps nus se fondent en un seul, dans l'abandon et la montée de l'orgasme, en un éclair on entrevoit la perfection du non-être et la source pérenne de tous nos agissements. L'immanence de la vie et de la mort, le tourbillon du temps et de l'espace. Pour ce voyage intemporel et métaphysique, on emploie le corps, mais le corps n'est qu'un instrument. Un conducteur malmené. C'est à peine agréable, c'est violent, c'est vertigineux. Redescendre sur terre est douloureux. Quand j'entends parler de sexe comme d'une friandise, comme d'un plaisir physique parmi d'autres, je suis atterrée. Le désir est exquis, les gestes sexuels procurent une jouissance bien localisée, mais ils ne prennent tout leur sens que s'ils sont le prolongement de l'amour. Quand on embarque pour cette équipée en confiance, que l'amour guide chaque mouvement, on oublie la pudeur, emportés dans un ravissement qui nous soulève, à demi conscients.

J'entends parler du coït « hygiénique » que revendiquent hommes (et femmes à présent), privant la sexualité de sa signification spirituelle. Je les plains. Ils se privent du meilleur.

Il existe beaucoup de manières de faire l'amour. La procréation n'étant pas le seul objectif du sexe chez les humains, d'autres raisons de le pratiquer ne manquent pas : l'esprit de conquête, la vérification du bon fonctionnement des organes, la curiosité, la consolation, le désœuvrement, le vice. Dans tous les cas, un sacré exercice, tout de même ! Il faut se déshabiller, s'allonger, se montrer dans des positions inesthétiques et inconfortables, se concentrer, oublier la lumière et les bruits avoisinants, lancer les opérations et ne pas laisser retomber la pression, quitte à devoir tout reprendre de zéro. Une telle gymnastique n'a-t-elle pour but que de faire vibrer un clitoris et gonfler un pénis ? Je me refuse à une telle pauvreté. L'abstinence a plus de charmes que cette fornication-là.

Quand nous nous sommes retrouvés, en 2014, nous n'étions plus les jeunes gens impatients et privilégiés qui croquaient la vie à pleines dents. Nous étions cabossés par quelques coups, nous avions subi quelques revers qui nous rendaient méfiants. Nous avions aussi pris quelques kilos et nos muscles n'avaient pas l'élasticité d'antan. Mais s'il n'y a pas de sexe sans amour, il n'y a pas d'amour sans sexe. Avant de dire « oui » à Michel, je devais affronter cette question-là.

Nous avons donc décidé de passer une semaine ensemble, n'importe où, où nous partagerions la même couche.

J'avais un trac de débutante. Et si nos corps ne s'entendaient pas ? Nos corps d'aujourd'hui, à nos âges et après nos malheurs respectifs, moi une grossesse extra-utérine qui avait enterré mes espoirs de maternité, lui une opération de la vessie qui l'avait laissé sur le flanc. Que peut représenter la sexualité pour deux vétérans qui n'espèrent plus grand-chose ?

La pluie de janvier battait la fenêtre. Un feu crépitait dans la cheminée. Après un dîner délicat arrosé de côte-de-beaune, nous nous dirigeâmes vers la chambre. Je me suis glissée dans le lit, enroulée dans ma chemise de nuit à manches longues, tétanisée. Michel était nu, moins effarouché que moi. J'ai enlevé ma chemise de nuit sous les draps, tremblante mais résolue. Le sort de notre relation allait se jouer dans ces instants…

Dès que j'ai senti son corps contre le mien, mes craintes s'évanouirent. Nos deux peaux se plaisaient, se voulaient et trouveraient une manière de s'épouser, de nous emmener loin, très loin, en apesanteur dans les constellations d'étoiles. Le désir ne finit jamais. On dit qu'il se calme avec le temps, je peux vous assurer que c'est faux. Le désir est le bras armé de l'amour, le spadassin qui attaque les forteresses et défend son roi. Notre désir a été plus rapide que nous. Il nous a jeté notre amour à la figure, nous laissant ébahis, victorieux et rassurés.

Nos ébats ne ressemblent à aucuns autres, ils cumulent tout ce que deux êtres qui s'aiment peuvent inventer pour flotter dans les nimbes de la fusion charnelle et mentale. Nous perdons la tête, nous gémissons de bonheur, je n'ai jamais connu cela.

Alors, qu'on ne nous dise pas qu'il y a un temps pour l'amour, un temps pour la joie, un temps pour la paix des sens. Nous sommes dotés de sensibilités multiples, utilisables à l'infini. Aiguillonnée par le désir que nous avons de nous rapprocher au plus près de l'autre, leur intensité ne faiblit pas. Si la vue et l'audition baissent, le toucher, le goût et l'odorat, nos sens les plus archaïques et les moins usés, ne perdent rien de leur acuité. Mieux : ils se développent, s'additionnent dans un embrasement sensoriel. Une apothéose de la libido.

Je n'ai pas entendu beaucoup de personnes de notre âge avouer cette bonne nouvelle, par pudeur probablement, ou par convention, les enfants et les petits-enfants trouvant indécent que leurs aînés persistent à avoir des activités sexuelles.

Ils devraient se réjouir au contraire, la même providence leur est promise, un jour.

8.

Suis-je emphatique, suspecte de brosser un tableau trop rose de cet amour ?

J'ai promis la franchise et la lucidité.

Les bases de notre vie commune posées, des difficultés ont surgi.

Je ne les passerai pas sous silence.

Michel a construit sa vie sur la constance de ses revenus, assurés par sa carrière internationale. Les temps changent, les disques ne se vendent plus, les droits d'auteur diminuent. De même, avec l'âge, une carrière d'actrice s'effiloche, les rôles se raréfient et la crise a privé beaucoup de théâtres de leurs subventions, limitant le nombre de productions. Il faut apprendre à réduire le train de vie, sélectionner ce qui est indispensable et ce qui est superflu, et regarder de près les dépenses.

Michel a été plus gâté que moi, financièrement, dans sa profession. Ayant connu des hauts et des bas, je suis aguerrie aux compressions de budget et à l'économie. Aujourd'hui, les chiffres sont là, nous devons nous raisonner, tout en cherchant astucieusement à améliorer le quotidien. Question d'organisation et de collaborateurs bien choisis. Certaines coupes font grincer des dents, mais la bonne humeur qui entoure toutes nos décisions nous aide à prendre avec légèreté les plus contraignantes d'entre elles. Rien ne nous paraît grave, tant que la santé ne nous lâche pas. Nous jouons à être sérieux. Michel dit que la vie est un jeu, que tous les métiers sont des jeux, que l'architecte joue à construire des maisons, le chirurgien à opérer, l'avocat à plaider, le boulanger à faire du pain, le soldat à guerroyer, l'actrice à jouer et le musicien à composer.

Nous sommes des enfants qui jouent à faire les grands.

Cette veine enfantine innerve toutes les actions de Michel. Quand il est au piano, à ses concerts de jazz, il est béat comme un petit garçon devant une vitrine de Noël. À notre mariage, il s'agrippait à son cierge de marié, bouche ouverte tel un enfant de quatre ans. Il était acteur et spectateur, présent et absent, tendu vers la musique dont le chœur orthodoxe emplissait l'église. De temps en temps, je devais le prendre par le bras, le guider pour suivre les instructions murmurées par l'archevêque. Il était dans son monde, dans sa bulle émotionnelle. Un enfant qui rêve. Loin du vacarme des grandes personnes.

Je respecte ses moments de détachement, ses sommeils, ses inattentions, ses replis. Ses quatre-vingt-cinq ans et une surdité naissante ajoutent à son isolement, mais ne se manifestent que dans les périodes où il ne travaille pas. Comme il travaille sans arrêt, ce n'est donc pas fréquent. Je protège ses faiblesses et ses ralentissements. Je ne suis pas certaine qu'il s'aperçoive de mes attentions. L'aveuglement du grand âge, tourné vers lui-même.

De même, j'ai dû calquer mes horaires sur les siens. Il se lève tard, prend un petit déjeuner vers midi, et nous déjeunons à cinq heures, comme dans les pays de l'Est. Un bol de potage et un yaourt suffisent à son dîner. Nous recevons peu, les amis et la famille se plient à cet emploi du temps. La vie mondaine est presque exclue. Nous allons quelquefois au théâtre, sans traîner avec les artistes après le spectacle. À l'opposé de mes habitudes passées – longues soirées entre comédiens, dîners nocturnes, certainement mauvais pour la digestion mais que j'affectionnais. Il se couche tôt et souvent je n'ai pas encore sommeil, j'attends qu'il s'endorme pour me faufiler hors de la chambre, je vais lire ou écrire dans mon bureau.

Nourrir Michel est un casse-tête que tous ses accompagnateurs de tournée redoutent. Petit mangeur, il a des exigences qui le renvoient à son enfance d'après guerre, quand sa grand-mère fabriquait elle-même les pâtés et les terrines, dont il pleure encore le goût et la consistance. Il est envahi de « petites madeleines » qui reviennent sur le tapis constamment : les baguettes croquantes d'avant, les beignets aux pommes d'avant, les boudins et les rillettes d'avant. Reproduire ces mets traditionnels français est aujourd'hui impossible. Les viandes et les beurres sont différents, les cuissons et les casseroles modernes sont adaptées à des recettes plus légères, plus méditerranéennes. J'arrive exceptionnellement à le satisfaire avec des poireaux en vinaigrette ou une pintade aux marrons, mais son palais reste bloqué sur son souvenir, inégalé et inégalable.

Michel est allergique aux explications psychologiques. La psychanalyse, Dolto : il ne connaît pas. Il a élevé ses enfants à sa manière, sans les envoyer à l'école. Lui-même n'a jamais voulu y aller. À quatre ans déjà, il adressait une fin de non-recevoir à sa mère et à sa grand-mère qui tentaient de l'y conduire, trépignant de crises de rage quotidiennes. Les deux pauvres femmes capitulèrent. Le Conservatoire fut son premier et seul enseignement, dès l'âge de dix ans. Il garde de cette orientation précoce un vocabulaire peu académique, nourri de la poésie qu'il a par la suite dévorée. Quand il doit s'adresser à des gens, il a parfois des brusqueries qui confinent à la goujaterie. Il n'a appris ni la politesse ni la diplomatie. Il passe pour un mufle aux yeux de certains, qui ne veulent pas voir plus loin, qui n'ont pas d'indulgence pour son profil particulier : self-made-man, enfant pauvre de Bécon-les-Bruyères, homme de parole et de cœur, qui ne sait pas mentir ni modérer ses propos.

Moi, il m'émeut avec des formules imagées qui n'appartiennent qu'à lui. Récemment, il m'a dit :

– Je pense malgré moi. Je suis né pour penser.

Un autre jour, décrivant à sa manière une fraise gariguette :

– J'ai mangé un fruit rouge vif, ni rond, ni carré, ni oblique.

Un autre soir encore :

– Quand tu me téléphones, tu entres dans mon oreille, tu es en moi, je tremble, je frémis…

Il a lu tout Aragon, qu'il a connu et vénéré. Tout Romain Gary. Il lit et relit sans relâche leurs mots enchanteurs. Il aime Blondin, Audiard et Jeanson. Il adore leur façon de triturer les mots, leurs univers populaires et perçants. Il admire les jeux de mots de son ami Raymond Devos, dont il pleure la disparition chaque jour, les paroles des chansons de Brel qu'il récite comme du Ronsard. Il s'évade du monde réel avec eux.

La vie sociale avec lui n'est pas toujours facile, à cause de son franc-parler, de son intransigeance et de ses blessures d'enfance. Sévère avec lui-même, il est impitoyable avec les autres, surtout les musiciens, qui le craignent. Infaillible au piano comme à la direction d'orchestre, il tolère mal les fautes et les laxismes. Étant d'une ponctualité ferroviaire, il est draconien sur les horaires. Si on le fait attendre plus de quinze minutes, il s'en va. Quand nous devons aller à un rendez-vous, si je tarde quelques minutes à me préparer, il piaffe sur le pas de la porte, son chapeau sur la tête, les clés de voiture à la main. Avec moi il ne se fâche pas, mais on m'a dit que dans les mêmes situations ses ex-compagnes subissaient son ire, assortie de volées de noms d'oiseaux.

Par bonheur, je suis une femme prévoyante, je le fais rarement attendre.

Mais j'ai ma vie. Je maintiens prudemment une certaine indépendance, ma voiture, mon appartement, mes amis. Je me suis accommodée à toutes ses façons de vivre, je suis plus apte à m'adapter que lui, mais j'ai besoin de temps en temps de plages de solitude, comme en ce moment pour écrire. Alors je me sauve dans ma petite chaumière du Gers, je mange et je dors quand bon me semble, reliée à lui par les SMS qu'il a enfin appris à rédiger.

L'informatique et la technologie en général n'ont pas grâce à ses yeux. Il aime le contact direct, le téléphone vocal, les conversations autour d'une table. Je ne suis pas une experte en ordinateurs, mais je les ai intégrés à mon fonctionnement domestique. J'écris directement sur mon Mac, je consulte mes mails fréquemment, bref je ne suis pas à la traîne de mon époque. Michel appartient à une génération d'irréductibles, ennemis pour toujours des écrans et des claviers. Je crains qu'il ne change pas. Il a réussi à apprivoiser son nouveau téléphone tactile, avec cependant, dès la première embûche, des rechutes vers son vieil appareil à touches. Il ne réalise pas combien cela le rend dépendant, de moi, de notre assistante, de son agent à Londres qui nous envoie ses messages pour que je les lui imprime. On a beau lui vanter la rapidité des scanners et des mails par Internet, lui qui est toujours pressé, il ne veut pas s'en mêler et reste méfiant à l'égard du numérique, vérifiant sans cesse si les partitions sont bien arrivées chez ses paroliers à Los Angeles. Le virtuel l'épouvante. Il regrette les heures passées à découper de la pellicule ou des bandes magnétiques. Une virtuosité manuelle de grand couturier. En résumé, Michel a besoin de toucher les choses avec ses mains : le piano, le volant de sa Mercedes, le manche à balai de son avion autrefois, les crayons avec lesquels il compose, les hameçons au bout de sa ligne, et mes épaules, mon ventre. Très adroit avec ce qui l'intéresse, il est d'une maladresse incroyable pour tout le reste. Il se prend les pieds dans les tapis, ne trouve pas la manche de son manteau, se coince les doigts dans les volets, se brûle avec les tisons de la cheminée. Méticuleux dans son travail, il est incapable de prendre soin de ses vêtements et éparpille papiers et partitions sur tous les meubles et dans toutes les pièces.

Vous avez dit contradictoire ?

Il reconnaît que le sens pratique n'est pas son fort, ni l'organisation. Il oublie aisément ce qui l'embête, esquive les rendez-vous ennuyeux, rate les anniversaires et les fêtes, mais, dans son travail, il se souvient de chaque double croche. Sa mémoire, alors, devient phénoménale. Pas une virgule ne lui échappe dans un texte, pas un soupir chez une chanteuse.

Par ailleurs, il se fiche complètement de son image. Très mauvais sujet pour les photographes, il se lasse vite en écourtant les séances de pose. Ensuite, il regarde à peine les photos et laisse les professionnels choisir pour lui.

Pour les interviews, l'exercice est tout aussi hasardeux. Si les questions lui semblent stupides, il peut planter là le journaliste sans état d'âme, ou se barricader dans un mutisme embarrassant. À la télévision, les directs le torturent – trop peu de temps pour trouver les mots –, le ton rigolard des talk-shows le hérisse. Par chance, les journalistes aboyeurs des journaux télévisés ne s'intéressent pas à nous. Piètre avocat de lui-même, il vaut mieux parfois que Michel se taise.

Sans parler de ses gaffes abyssales. De ses coups de gueule souvent fondés mais non argumentés. Untel est « nul », un autre est « fasciste », un troisième est un « traître ». Sa partialité et son mauvais caractère ont en partie musclé sa carrière, il a tenu tête à des producteurs puissants et à des metteurs en scène célèbres. Michel n'est pas une mauviette, ça non. Mais il paie le prix de ses sorties fracassantes et s'est souvent rendu antipathique inutilement. En vérité, rien de ce que pensent ou disent les autres ne semble le toucher vraiment : ce qui compte, c'est la musique, la trace qu'on laisse sur cette terre, et l'amour qu'on a été capable de donner.

Je ne peux pas le contredire. En public, je tente d'arrondir les angles, de contrôler ses déclarations, d'expliquer ses attitudes, ses mots malheureux. Il ne les renie jamais car, dans le fond, il a souvent raison. Il ose dire des choses que personne n'ose dire mais que tout le monde pense. Aujourd'hui, le moindre terme prononcé hors des clous de la bien-pensance est monté en épingle, sorti de son contexte et retourné contre celui qui l'a prononcé. Les journalistes en font leur commerce, ils guettent l'occasion d'attaquer une personnalité, et souvent il vaut mieux ne pas relever leurs accusations pour ne pas entretenir la polémique. Michel a des réactions de loubard, quelquefois : « Je vais lui casser la gueule ! Je vais lui envoyer mon copain du service d'ordre de la CGT ! »

Un de ses amis, contrebassiste à la forte carrure, lui proposa un jour de régler ses comptes avec un critique désobligeant en allant lui casser gentiment les dents ! Un instant séduit, Michel se ravisa. Ce ne sont là que propos de comptoir. Au fond de lui, Michel est un tendre, il ne veut de mal à personne.

Ce sont les dangers de la célébrité. Aussi, le dicton « Pour vivre heureux, vivons cachés… » n'a-t-il jamais été autant d'actualité. Après l'explosion médiatique autour de notre mariage, nous évitons de nous montrer, excepté pour des besoins professionnels. Nous participons rarement aux émissions de grande écoute et, quand il faut aller vendre nos productions, nous ne répondons pas aux questions personnelles, esquivant les pièges malveillants. Notre notoriété ne repose heureusement pas sur les ragots *people*. Mais notre bonheur de fond écrase toutes les aspérités du quotidien. Nous n'en perdons pas une miette, conscients que le temps aura son temps.

Au catalogue des zones d'ombre, je dois ajouter ma difficulté à maintenir mes amitiés avec ceux que j'ai connus avant Michel. J'ai des amis, beaucoup d'amis, qui m'ont aidée au cours de la vie et qui se chagrinent de ne plus me voir. Il faudrait que j'entretienne une sorte de double vie, qui me répugne et qui ne serait pas facile à mettre en place. Temporellement et géographiquement. Nous sommes souvent à la campagne, les Parisiens ne viennent pas jusque-là. Michel travaille son piano à toute heure, ce qui est impossible en ville. Quand nous sommes à Paris, les rendez-vous s'enchaînent, les journées sont consacrées aux affaires urgentes. Peu de temps pour voir les amis ou aller à un spectacle. Paris est devenu une ville compliquée : les transports et les taxis sont lents et capricieux, les bons restaurants bondés, les amis trop souvent occupés, « improviser » une soirée relève de l'exploit. Michel a la nostalgie d'une époque où l'on se retrouvait à Saint-Germain-des-Prés pour aller dîner en bande. J'ai vécu ce temps d'insouciance. Je dansais le bebop dans les clubs de jazz. On a dû s'y croiser sans se connaître. Aujourd'hui, les Parisiens restent sur la défensive depuis les attentats, ils ne sont guère aimables, sortir devient un casse-tête, l'envie même a disparu.

9.

Aux heures de réflexion, la nuit, quand je regarde le visage endormi de Michel, je ne peux m'empêcher de penser à la fin de la vie.

À nos âges, comment ne pas y songer ?

Nous cultivons chacun une vision différente de la mort. J'y ai pensé toute ma vie, tour à tour avec indignation, dégoût, stupeur. Je ne me remets pas du départ de ceux que j'ai aimés. La mort est un scandale.

Aujourd'hui, je l'appréhende d'une autre manière.

Grâce à lui.

Grâce à notre amour.

Au milieu de sa vie, l'idée de la mort a violemment tourmenté Michel. À quarante ans, une dépression profonde s'est abattue sur lui – fatigue professionnelle après des années de travail continu, jour et nuit, et fatigue existentielle aussi, provoquée par une obsession : la vanité de tout ce qu'on accomplit ici-bas, puisque, à la fin, une même sanction nous attend, la mort.

Prostré et muet, il resta alité de longs mois. De grands spécialistes lui ont permis de remonter la pente grâce à une thérapie d'avant-garde, mais la véritable guérison, la fin de son angoisse, c'est par lui-même qu'il l'a trouvée : en lisant et en écoutant tout ce qui a été écrit et dit sur le sujet – comptes rendus de gens revenus d'un coma, révélations d'extralucides communiquant avec les morts, ouvrages de médecins accompagnant les mourants, de chercheurs qui s'intéressent aux phénomènes parapsychologiques et de biologistes s'interrogeant sur les origines de la vie. Il a vu des devins qui se targuent de fréquenter l'au-delà. Il a conversé avec des morts au cours de séances de spiritisme. Au travers de ce bric-à-brac, il s'est forgé la conviction que la vie continue après la mort. Un corps astral quitte la dépouille du défunt et rejoint une autre sphère où tous se retrouvent, à des étages distincts selon le nombre de vies antérieures, inscrits sur une liste d'attente pour réapparaître sur la terre dans un nouveau corps.

Je simplifie, bien sûr, mais voilà l'essentiel de ce que pense Michel. Il n'y a pas à s'inquiéter et dépérir de chagrin : nos morts sont autour de nous, ils nous observent et nous envoient des messages que nous captons plus ou moins en fonction de notre disponibilité et de notre foi. Ils sont là, assis dans le fauteuil en face de nous, ils nous regardent, nous assistent, ne nous quittent pas. La mort est une illusion, rien d'autre qu'un changement de densité, comme l'eau qui bout se transforme en vapeur.

Aujourd'hui, Michel s'est apaisé, il n'a plus peur.

Il me dit :

– Tu as confiance en moi, n'est-ce pas ? Donc, tu peux me croire. Je t'assure que j'ai les preuves, ça ne finit pas, on continue après.

J'ai envie de le croire.

Je suis plus matérialiste et pragmatique que lui, je suppose que tout s'arrête avec le dernier souffle. Pourtant, j'ai toujours désapprouvé l'incinération, qui détruit brutalement et totalement les corps, alors que dans la terre ils rejoignent la nature dont ils ne sont qu'une parcelle. Un processus dans lequel l'homme n'a pas à intervenir. Le corps est inaliénable, je lui reconnais une valeur sacrée.

Le support de l'esprit.

De l'âme.

L'enveloppe charnelle délaissée, une autre forme de vie s'échappe et vogue librement. L'air autour de nous est peuplé de ces vies transparentes, libérées de leur poids terrestre. Des voix qui communiquent entre elles, mais que nous ne pouvons pas entendre. Des existences différentes, peut-être supérieures.

Par amour, par mimétisme de l'amour, je me range à

l'espérance de Michel. Peu m'importe qu'elle soit scientifique ou pas, personne ne peut prouver le contraire. Je me fie aux intuitions d'un homme – mon mari – qui a triomphé de la peur de la mort.

Nous en parlons, de temps en temps.

Je sais qu'il aimerait reposer au Père-Lachaise, aux côtés des autres musiciens. Ou bien au cimetière Montmartre, où il a beaucoup de copains. Mais c'est un détail. Nous souhaitons être enterrés ensemble, dans la même tombe. Idéalement nous aimerions mourir ensemble, que l'un ne survive pas à l'autre. Mais nous accepterons ce que le destin nous imposera. Nous condamnons le suicide, qui brise la chaîne des mutations et des transferts. Il ne nous appartient pas d'enfreindre l'ordre suprême qui nous a fait naître et qui nous fait mourir.

Ce que je sais : tout ce qui arrivera renforcera notre amour, qui n'a pas été décidé par nous. Nous traverserons ces étapes intenses, nous tâcherons d'honorer l'invitation qui se profile : vivre dans notre amour jusqu'au bout. Comme dit Michel, nous avons attendu tellement longtemps avant d'être réunis, nous nous rattraperons après la mort, dans nos tombeaux.

Mais je trouve obscène de préparer sa propre disparition, d'acheter un caveau, de placer de l'argent auprès d'un organisme funéraire, pour soulager les héritiers.

Le décès n'est pas une affaire matérielle, une entreprise comme une autre. Il faut repousser cette date le plus loin possible et, tant qu'on a envie de vivre, on doit vivre. Sans se limiter, sans faire ni calculs ni prévisions.

Je veux être cueillie par la mort, et Michel aussi.

Elle ne nous intéresse pas. Ce n'est pas notre problème. Certes, nous sommes tristes lorsque les amis partent autour de nous, mais que faire sinon accepter ?

Et nous, nous sommes là. Nous avons encore tant de choses à faire. Nous sommes vivants et sommés de continuer.

10.

La mode d'aujourd'hui propose des tenues de carnaval, immettables, les chefs étoilés inventent des plats déconcertants qui affolent le palais, les magazines sont illisibles avec les publicités, tonitruantes, sur la page de droite, les chanteurs chuchotent des demi-phrases convenues, les philosophes publient des opuscules remplis d'idées reçues, on est perplexes… Comment ne pas passer pour des « vieux cons » qui regrettent un temps révolu, leur jeunesse ? Mais comment se reconnaître dans une époque dont les aspirations et les goûts sont si éloignés des nôtres ?

En ne fléchissant pas. En poursuivant notre vocation de troubadours de la beauté et de l'amour.

J'en deviendrais têtue.

Plus que jamais le monde a besoin de ce refrain obstiné. Les musiques de Michel ravivent le cœur, on sort de ses concerts le sourire aux lèvres. De mon côté, j'aimerais incarner la joie de vivre, encore et toujours, à l'âge que j'ai. Je clame partout que la vieillesse aujourd'hui n'est pas une calamité, mais une richesse et un éclatement de tous les préjugés. Le nombreux courrier que je reçois me conforte dans cet espoir de donner du courage à beaucoup de femmes : six mille lettres quand j'ai créé l'association Les Cinquantièmes Jubilantes, il y a dix ans.

La force des mots. Le mot « jubilantes » a fait tilt. Un mot juteux et conquérant. On se pourlèche les babines, le poing levé, on se délecte par avance des victoires futures sur la tristesse, la solitude, la misère morale.

Qu'ai-je dit à ces femmes à ce moment-là ? « Ne perdez pas espoir, changez de vie, entreprenez ce dont vous avez toujours rêvé, même si vous n'êtes pas sûres de réussir. On supporte les échecs, pas les regrets. »

Les femmes m'écrivaient qu'elles voulaient se lancer dans la chanson, voyager, ouvrir un restaurant ou un salon de coiffure, écrire, peindre ou devenir photographes. Proches de l'âge de la retraite, elles voulaient mettre à profit leur future liberté et les quelques sous qu'elles avaient économisés. Je les encourageais, je saluais leur courage et leur fantaisie.

Bien souvent, elles étaient seules, plaquées par leurs maris ou divorcées consentantes. Les hommes n'étaient plus leur préoccupation première, comme si elles en avaient trop souffert.

D'autres solutions voient le jour. Des couples de femmes se forment, avec ou sans sexualité, des associations solides soutenues par une amitié forte et des projets communs. Des attelages de tous types s'élaborent depuis vingt ans : différences d'âge dans les deux sens, différences d'origine, de couleur de peau. Tous dans l'espoir de trouver l'amour, qui se loge où l'on ne l'imagine pas.

Mais il y a une autre démarche, plus fréquente qu'on ne le croit : les femmes qui vont rechercher leur premier amour. Vous seriez étonnés du nombre de couples qui se reforment ainsi, ressuscitant sans crainte leur amour de jeunesse. Comme si nos premières flammes étaient indubitables, marquées au sceau d'une vérité intime. Quand on est jeune, on ne calcule pas, on va vers celui qui nous convient profondément, même si notre entourage nous le déconseille. La vie, ensuite, se charge parfois de séparer les amants, mais ces amours-là ne s'oublient pas.

Nous n'avions pas oublié, Michel et moi. Dire que nous nous sommes attendus toute notre vie serait impropre. Nous avons gambadé, d'amour en amour, en donnant toutes ses chances à chacun. Mais quand nous nous sommes revus, les sentiments d'il y a cinquante ans ont bondi à la surface, aussi forts qu'avant. Nous étions fiers de ne pas nous être trompés quand nous avions vingt ans, de nous être reconnus alors, comme deux animaux de la même race. La quiétude et la rapidité avec lesquelles nous nous sommes engagés découlent de cette garantie : nous nous étions vus au début de nos vies. Michel était déjà père de famille mais, au fond de lui, il voulait autre chose, et moi je n'étais sûre de rien, le garçon que j'allais épouser a fait long feu, je l'ai quitté quelques mois après.

Un amour de jeunesse non abouti bénéficie par la suite d'un crédit particulier. Il est la trace de nos candeurs disparues, d'un rêve entravé. « Aimez sans entraves » était un slogan de 1968. Je n'ai pas pu aimer Michel en 1964, mais cet empêchement a fait exploser notre amour cinquante ans plus tard.

Il galope, enfin libre.

Il nous épate.

Il comble d'autres rêves : notre désir de fidélité, de partialité, d'évidence. La fidélité est une offrande à l'autre et à soi-même, elle veut dire : je suis heureux d'aimer, je suis tout entier dans cet amour. La monogamie est un capital, une conquête. Et une bonne opération : on concentre ses forces et ses possibilités dans une seule direction, tout se simplifie et s'éclaire. Les chemins de traverse n'offrent plus d'attrait, ils s'estompent dans le brouillard des seconds choix et des fourvoiements.

L'exclusivité accroît nos chances d'accomplissement et de félicité.

La fidélité n'est pas une valeur morale mais un puissant instinct qui protège les histoires d'amour. La fidélité est naturelle chez les ambitieux et les gagnants, et, si elle ne l'est pas, ils la prônent à tout moment. Être fidèle, c'est savoir ce qu'on fait, c'est le contraire de l'indécision et de la pusillanimité. Elle n'empêche pas d'avoir les yeux ouverts, d'engranger les informations sur le monde. Mais elle creuse une route où l'on se sent en sécurité, à l'abri des hésitations.

Il y a des hommes (tel mon père) qui sont naturellement fidèles. D'autres pensent ne pas être taillés pour la fidélité. Ils se méfient d'eux-mêmes, ne veulent rien promettre. C'est parce qu'ils n'ont pas essayé, ou bien peut-être parce qu'ils n'ont pas trouvé l'objet qui la leur inspire. Les belles alliances sont rares, je le vois autour de moi, les couples pleinement heureux ne sont pas légion. Mon père et ma mère étaient de ceux-là. Ils se connaissaient depuis l'enfance, ma mère petite fille était amoureuse de mon père jeune officier de marine, qui venait dans son bel uniforme blanc rendre visite à ses cousins dans leur propriété de Podolie. Ils se retrouvèrent des années plus tard, émigrés, ruinés et perdus, et formèrent un couple dont tous leurs voisins et amis se souviennent pour leur entente et leurs conversations animées.

L'amour trouve son chemin dans les contextes les plus hermétiques, il s'infiltre sous les voiles et sous les barricades. Combien d'idylles entre Palestiniennes et Israéliens, entre Turques et Kurdes ! Plus c'est difficile, plus c'est excitant. Il y a dans l'amour une part de défi, un bras de fer avec les conventions. La fidélité devient un étendard, l'arme invincible face au temps qui passe et aux oppositions.

Michel est de ces hommes incapables d'infidélité. Parce qu'il sait aimer. Il a reçu ce don en venant au monde, cette intelligence instinctive. Un sens du bonheur aussi : délicieux d'être fidèle quand on est débordé de sollicitations. Il a connu une période où il collectionnait les aventures, à la fin de son premier mariage. Mais il n'a pas aimé cela, il s'éparpillait et se détestait. Car, pour aimer, il faut croire à l'amour. Quand on doute de l'amour, il ne vient pas à vous. Il fuit, il se cache.

Je n'ai jamais aimé plusieurs hommes en même temps. Les mœurs féminines sont rarement polygames. Mais j'ai connu des périodes où aucun homme ne me plaisait suffisamment pour que je ne le remplace pas. Alors on essaie, on espère. Une femme, de nos jours, n'est pas bannie parce qu'elle connaît plusieurs partenaires. Les progrès du féminisme ont au moins réglé cela. Les femmes qui travaillent, qui gagnent leur vie, sont libres de leur destin. On s'aventure. On se décourage, on cherche à comprendre ce qui ne colle pas, on s'accuse, on se retire. Toutes mes amies ont traversé cela. Pour finir par préférer rester seules, la plupart du temps.

Dans une période où j'allais mal, où je perdais pied, j'ai consulté une psychanalyste. C'était la première fois. J'y allais à reculons, sans trop en attendre. Elle a rapidement mis le doigt sur mon sentiment d'impuissance, sur mon impossibilité à m'attacher. Je n'oublierai jamais ce qu'elle m'a dit, au cours d'une de nos séances : « Il y a bien un homme pour vous, un homme que vous admirerez, un artiste. » C'était cinq ans avant que je rencontre Michel.

Je ne la voyais plus depuis longtemps. Ses mots me sont revenus en mémoire, je me suis dit :

– Et si c'était lui ?

Je sortais d'une relation avec un homme plus jeune que moi, une histoire sans issue à laquelle j'avais mis fin moi-même. L'arrivée de Michel dans mon paysage fut un choc. Et si c'était lui ?

J'essaie d'analyser ce qui s'est passé. Je commence à comprendre le mécanisme qui permet à un amour d'éclore et de s'installer durablement.

Pour qu'un amour vive et fructifie, il y a trois conditions : il faut s'estimer, il faut être curieux de l'autre et il faut être égaux.

L'admiration est le ferment de l'amour. Elle doit être

réciproque, profonde et claire. Sans admiration, il se crée un rapport de force, qui est au détriment de l'un des deux et qui déséquilibre la relation. De plus, l'admiration ensoleille les échanges, puisqu'on se sent aimé de quelqu'un dont on est fier, et qu'on s'approuve d'avoir placé son amour sur une personne qui le mérite.

La deuxième condition est l'envie permanente d'en savoir plus sur l'autre, d'être intrigué et charmé par tout ce qui émane de lui ou d'elle. Cela exige de la fantaisie, de la culture, de la repartie. De l'humour aussi, qui rend la vie aimable et subtile. Des deux côtés, car ce qui vaut pour l'un vaut pour l'autre et on est à tout moment un spectacle pour l'autre, une vitrine de la vie de tous les jours. Cet art de communiquer réclame un peu de savoir-faire, du *storytelling*, comme disent les Anglo-Saxons. Un petit effort de mise en scène, de suspense et de charme.

La troisième condition est la plus déterminante : la parité. Non en moyens ni en biens, mais en identité. Que chacun tienne une place dans la société, que chacun connaisse sa valeur et le poids de ses propres capacités. Que dans le jeu dominant/dominé, les rôles s'alternent : je suis plus forte dans ce domaine et tu me dépasses dans l'autre. L'alliage de deux personnalités sans complexes.

J'ajouterai, je l'ai découvert depuis peu, qu'il faut être *semblables*. Des similitudes de caractère et de vécu.

Notre cas est exemplaire : nous avons aimé les mêmes films, les mêmes livres, nous avons écouté les mêmes musiques, porté au même moment les mêmes jeans importés d'Amérique, les mêmes premières baskets ; vécu les mêmes événements – la guerre d'Algérie, la Nouvelle Vague –, parcouru les mêmes endroits, Saint-Germain-des-Prés, les plages de Saint-Tropez et les routes pour y aller avant que n'existe l'autoroute, dans les mêmes voitures, les Citroën 2 CV quand nous étions fauchés, puis les Cooper S et les Triumph anglaises. Les mêmes amis, les mêmes modèles, les mêmes rêves.

Il n'y a pas que cela : si les gens qui s'aiment finissent par se ressembler en vivant côte à côte, c'est parce qu'ils se ressemblaient avant de s'unir. Je suis persuadée qu'un amour prospère si les deux réagissent de la même manière à un paysage, à un bruit, à une image, au chaud, au froid, à une phrase, à un article dans un journal, à une plaisanterie, à une offense, à une flatterie ou à un soupçon. On partage une charte de goûts et d'opinions édifiée au cours des années. L'amour implique de jouir des mêmes biorythmes, l'un ne peut pas être du matin et l'autre de la nuit, l'un frileux et l'autre pas, l'un fumeur et l'autre pas, l'un croyant et l'autre pas. Je ne crois pas au concept des couples « complémentaires ». On peut ressentir de la curiosité pour ce qui est loin de nous, mais à la longue, les différences s'interposent et rendent la vie impossible.

Pour les amoureux du conflit, tout est probablement possible en amour. Je ne prétends pas détenir la clé de l'amour heureux, je vous dis ce qui marche pour nous. Michel et moi sommes « jumeaux », les mêmes choses nous choquent ou nous enchantent, nous irritent ou nous séduisent. Vivre à deux est une joie de chaque instant. Une joie qui surclasse toutes les autres et qui coiffe au poteau les autres émotions, professionnelles ou sociales. Quand Michel a reçu le cordon de commandeur de la Légion d'honneur, il s'en est réjoui avec moi, je ne sais pas lequel des deux était le plus euphorique. Quand je sors un livre ou que j'apparais dans un film, je ne suis sensible qu'à son avis ; et quand je reçois une récompense, il est plus ému que moi. Nous caracolons en équipage double, aucun ne tire à droite ou à gauche, ou ne cherche à devancer l'autre. J'ai connu des couples compétitifs : ces mariages se brisent un jour ou l'autre, ce n'est pas tenable. Rien n'est plus pénible que la rivalité dans un couple, c'est antinomique de l'amour.

De la fierté et de l'indépendance, mais les yeux toujours tournés vers l'autre, pour échanger à demi-mot et penser ensemble.

11.

Je lui dis :

– Mon chéri, j'avance, mais je ne sais pas ce que j'écris. Ce livre est un ovni.

– Pas étonnant, me répond-il, quand on crée quelque chose, on ne sait pas ce qu'on fait. C'est toujours un ovni.

Il me rappelle une phrase que lui dit Stravinski, au cours d'une classe de contrepoint où les élèves décortiquaient une œuvre qu'il venait de composer : « Je vais vous dévoiler un secret. Quand on écrit, on ne sait pas ce qu'on fait. Ce sont les critiques et les professeurs qui vous le disent après ! »

Et pour me consoler d'un moment de découragement, il ajoute :

– Les choses se mettront en place toutes seules, elles se rangeront sans toi. Écris. Ne t'occupe de rien.

Il m'a souvent raconté comment il compose. Il réfléchit longuement, entend des thèmes dans sa tête, des instruments qui les jouent, et il rumine. Je le vois ruminer. En voiture. Dans le lit, quand il est réveillé et ne se lève pas. Au soleil, allongé sur une chaise longue, ou l'hiver dans le canapé, les yeux rivés sur le feu de cheminée. Il laisse les idées bouillonner, frapper à la porte de son inconscient. Il ne va à la table que lorsqu'il déborde, qu'il doit verser le trop-plein sur le papier. À partir de ce moment-là, il se laisse guider par le crayon, qui prend le pouvoir. À partir de ce moment-là, il ne sait plus ce qu'il fait, mais le crayon, lui, le sait.

Le crayon est guidé par son inconscient, là où tout s'est élaboré à l'insu de Michel.

La technique fait le reste, ajoute, enlève, allonge, écourte. Peu de ratures dans le travail de Michel, une fine gomme efface une note par-ci, par-là, qu'il redessine avec ses mines pointues pour qu'elle soit bien lisible. Il peut travailler sur n'importe quelle table, assis dans n'importe quel fauteuil, rien ne le fatigue, rien ne le déconcentre.

Dans sa jeunesse, il passait des nuits ainsi, penché sur ses partitions, ses grosses lunettes calées sur le nez. Combien de feuilles a-t-il remplies ! Ses archives, stockées dans une grande pièce à part, remplissent les étagères jusqu'au plafond. Des trésors pour les collectionneurs et les universités, puisqu'il a tout rédigé à la main. Les musiciens d'aujourd'hui se servent de machines, dont Michel pense le plus grand mal. Ces pages manuscrites sont de véritables tableaux, nous avons encadré le premier feuillet du ballet *Liliom* qu'il a composé pour John Neumeier, et nous l'avons offert au chorégraphe le jour de ses soixante-dix ans. Un cadeau qu'il a beaucoup apprécié.

Michel a une jolie écriture, claire et ronde, très ressemblante à la mienne. Les graphologues se délecteront à se prononcer. Les quelques petits mots que j'ai de lui sont des bijoux de graphisme. Les années à manier les crayons ont développé sa dextérité.

Mais le plus surprenant est son rapport au travail. Il ne peste jamais, il y va avec appétit, avec gourmandise même. Il se bluffe lui-même, tout en gardant une grande modestie. Il ne s'exclame jamais, ne pousse pas de cris, pas de soupirs. Quand il est fatigué, il va se promener ou il regarde du tennis à la télévision sans le son. Les commentateurs qui parlent sans cesse l'exaspèrent. Il se vide la tête. Ou il se la remplit de nouvelles cogitations, de nouvelles ruminations.

Sa capacité de travail est impressionnante. Il affirme que ses méthodes d'écriture acquises filent toutes seules, mais ses observateurs, mieux à même d'en juger que moi, sont admiratifs.

Il dit qu'il fait vite et bien parce qu'il est paresseux, qu'il se débarrasse du travail pour aller à la pêche, mais je crois qu'il aime le travail, qui est toute sa vie. Au fond, rien d'autre ne compte pour lui, il est mû par une obligation de résultat et par la curiosité. Il est curieux de ce qui va sortir de lui.

Ma place auprès de lui est essentielle, mais arrive en deuxième position. Je n'ai aucune objection à formuler et n'éprouve aucun ressentiment. J'ai épousé un artiste, un créateur, je sais ce que cela signifie. Notre chance est peut-être que je comprends ses priorités et ses affres. Bien que reconnu dans le monde entier, Michel aborde chaque nouvelle œuvre avec doute et fébrilité. Cent coudées au-dessus de la plupart de ses concurrents, il est néanmoins hanté par une timidité viscérale. Son trajet atypique le rend inclassable, et négligé par les historiens de la musique qui l'oublient parfois dans leurs encyclopédies. Michel en souffre un peu mais ne le montre jamais, sachant que ses musiques demeureront tandis que bien d'autres disparaîtront.

Y a-t-il un avant et un après notre mariage dans la composition de Michel ?

Coïncidence ou fatalité, il vient d'écrire deux de ses plus belles œuvres. Un concerto pour piano qu'il joue brillamment lui-même et un oratorio de quatorze arias qui racontent la vie d'une femme, de la naissance à la mort, interprétés par Natalie Dessay, comme je vous le disais. Deux œuvres symphoniques d'un lyrisme adulte, qui va à l'essentiel : l'amour de la vie, la permanence des sentiments, le bienfait de la beauté. Les deux œuvres viennent d'être enregistrées et seront, à n'en pas douter, l'événement musical de l'année 2018.

J'ai assisté à ces accouchements, j'ai contribué à planifier l'organisation matérielle autour de lui pendant ces temps de concentration et de fragilité. Mais je ne peux rien faire de plus qu'être près de lui, par moments, ou m'éloigner quand je sens que c'est préférable. Curieusement, lui qui se distingue par son mauvais caractère dans la vie publique est placide et aimable quand il travaille. Son gendarme intérieur lui dit de ne pas dépenser d'énergie en dehors de son travail, il obéit calmement et n'engueule personne, même quand la cuisinière rate la cuisson de son poisson. En d'autres circonstances, elle en verrait de toutes les couleurs. Il est dans une autre dimension, il poursuit un dialogue avec lui-même, pour ne pas perdre le fil. Il serine qu'il est paresseux, mais en réalité c'est un fou de travail. Pas de miracle : pour avoir accompli une telle carrière, il faut avoir beaucoup travaillé. Il est comme ces pêcheurs de perles qui ne respirent bien qu'au fond de l'eau, il s'immerge dans le travail avec une volonté de fer. De même, il exerce ses doigts chaque jour sur son clavier muet, en enchaînant les exercices avec la patience d'une tricoteuse qui compte ses mailles. Persévérance. Ténacité. Discipline. Un bon soldat au service du génie.

Il n'aime pas qu'on dise de lui qu'il est un « génie ». Il est sincèrement embarrassé quand les journalistes le présentent ainsi. Il se considère comme un bon artisan, un improvisateur habile et un pianiste inventif. Non par fausse timidité, mais par tactique pure : un génie ne peut pas aller plus haut, tandis que lui se sent en progrès constant, il estime que son « œuvre » ne fait que commencer. Il avait toujours pensé qu'à l'apogée de son art, il se déploierait dans la musique symphonique. Le moment est venu, il commence une nouvelle phase de sa composition. Il a viré de cap plusieurs fois au cours de sa vie, passant de la variété au cinéma de la Nouvelle Vague, puis de la comédie musicale au cinéma américain, et du jazz aux chansons. Histoire de se remettre en question chaque fois. De se retrouver face à un nouveau défi, une page vierge. Les artistes se sclérosent quand ils commencent à avoir du succès, ils reproduisent les mêmes musiques, inquiets de décevoir leur public. Michel a eu l'audace de tourner casaque en plein succès à plusieurs reprises. Ça lui a réussi, il a augmenté son potentiel chaque fois.

Les femmes ont-elles compté dans son ascension ?

En tant que compagne, souffre-douleur et mère de ses enfants, certainement. Ses femmes étaient ravissantes et distinguées, et ses maîtresses aussi. Il a toujours eu très bon goût ! Mais je pense qu'il n'a pas beaucoup partagé sa vie de musicien avec elles, sauf pour les emmener dans son avion vers les destinations lointaines de ses concerts, comme on part en vacances. Il restait seul devant le processus de création, il le souhaitait, il ne confiait pas à une femme le poste de muse ou de conseillère. Je pense que, pour la première fois, il laisse entrer une femme dans la chambre secrète de son laboratoire musical. Pour la première fois, il se livre à une femme, et même il se repose sur mes épaules de partenaire et de collaboratrice. Nous avons écrit ensemble un opéra à deux personnages, lui les musiques et moi le livret, dans un bonheur total. Pièce très originale que nous espérons monter bientôt. Une nouveauté pour lui et pour moi. Une expérience sans précédent dans sa vie comme dans la mienne.

Dois-je conclure que l'amour donne du talent ?

Il donne incontestablement de la force et l'envie de fusionner dans tout, y compris la création. Les tandems traditionnels comprenaient d'ordinaire des actrices et des metteurs en scène, Renaud / Barrault, Antonioni / Monica Vitti, Fellini / Masina, ou des couples de réalisateurs, Varda / Demy, Godard / Anne-Marie Miéville, Jean-Marie Straub / Danièle Huillet. On associe un musicien et une chanteuse, Gainsbourg / Birkin, Piaf / Moustaki, Callas / Meneghini. Mais pas d'actrice avec un musicien !

Nous innovons, mais nous trichons : Michel est aussi cinéaste et moi je suis écrivain. Peu importe, nous mettons toutes nos provisions dans la marmite, sans limitation. J'adore l'éclectisme de Michel et il se délecte de mes différentes « casquettes ». Ses années d'Amérique l'ont familiarisé avec le mélange des genres, en France c'est plus compliqué. Cédant au corporatisme et à la « passion de l'égalité » bien française, on dénigre les transfuges d'une activité à l'autre, comme s'ils volaient le pain d'une autre catégorie que la leur, celle qu'on leur reconnaît sur les fichiers de la Sécurité sociale. On n'a le droit d'être bon que dans une branche, dans les autres on est forcément un dilettante et un usurpateur.

L'amour ne tisse pas seulement des liens entre les artistes, il les motive et les inspire. Avec qui d'autre peuvent-ils échanger ? Qui d'autre peut comprendre leurs urgences, la bousculade de leurs illuminations ? Je vis cette réalité avec fièvre. À deux, nous sommes dans la surenchère permanente. Nous nous renvoyons la balle, j'ose, il ose, légers comme deux poids plumes sur un ring. Je voudrais bien lire dans une boule de cristal pour savoir où l'avenir nous emmènera ! Nous avons le projet d'écrire des chansons ensemble, quelques-unes que je pourrais chanter.

Peut-être que nos créations ne plairont qu'à nous, mais la joie de les inventer nous aura enchantés.

Certains lieux communs veulent que les artistes produisent des œuvres graves quand ils sont malheureux et joyeuses quand ils sont heureux. En voilà, une idée fausse ! Michel m'a confirmé qu'il a composé ses musiques les plus déchirantes quand sa vie allait bien, et des œuvres gaies et optimistes quand il était déprimé. Les comiques sont souvent de grands dépressifs, voyez Georges Feydeau et Oscar Wilde. À l'inverse, les auteurs de tragédies sont de bons vivants, buveurs, mangeurs et séducteurs, tels Dante, Cervantès, Victor Hugo, Balzac et Jean Genet. La création s'épanouit indépendamment de l'humeur des auteurs. Elle oblige les artistes et les arrache aux turbulences de leurs soucis d'hommes et de femmes. Ceux qui se laissent emporter ne sont pas vraiment des créateurs. Un artiste ne se décourage pas, il est lancé sur une trajectoire sans possibilité de retour en arrière.

Il y a ceux qui arrêtent, comme Rimbaud. Mais n'est-il pas allé chercher la mort, là-bas en Abyssinie, en réalisant une œuvre d'art de sa cavale, inscrite dans les mémoires autant que ses poèmes ?

Les créateurs sont des gens indéfinissables, des citoyens qui bravent toutes les règles. Même au goulag ou dans les geôles des dictatures, les artistes accomplissent leur destin d'artiste. À la barbe des détracteurs, des jaloux et des mal embouchés. Être un artiste, c'est désobéir avec obstination. C'est percevoir le meilleur et le pire de son temps avant les autres.

12.

D'où vient la paix que l'amour infuse ?

D'autres grands sentiments procurent des satisfactions, mais aucun ne distille cette tranquillité. Les succès professionnels réjouissent, les batailles gagnées consolident la confiance en soi, l'adhésion à de belles idées enflamme et entraîne, mais rien de tout cela ne calme les angoisses intimes. Pire, le tourbillon de la concurrence les attise. Où se situer au milieu de cette course, se tourmente-t-on ?

Seul l'amour apaise et comble.

Pourquoi ?

Il me semble que seul l'amour est vrai.

Seul l'amour nous parvient directement, à travers nos perceptions et les demandes de notre subconscient. On aime avec sa peau, son système nerveux, ses tripes, ses méninges, mais aussi avec son passé, le passé de ses parents, de toute l'histoire de sa famille. On aime avec ce qu'on a fait et ce qu'on fera, avec les espoirs et les refus. Ce qu'on a compris et ce qu'on n'a pas compris. Au plus profond de notre être. Ainsi l'amour est crédible, il n'est pas transmis par des intermédiaires qui nous décochent des images de nous-mêmes qui les arrangent. Qui nous défigurent et nous banalisent le plus souvent. Pour qu'on entre dans des cases dessinées d'avance. On nous amadoue avec des récompenses qui valent ce qu'elles valent, elles sont aléatoires et souvent partiales et imméritées. L'approbation d'un milieu n'est pas gratuite. Il faut entrer dans la ronde et faire semblant de croire aux hiérarchies qui nous adoubent.

Tandis que l'amour ne trompe pas. Plus il est irrationnel, plus il est convaincant. Plus il nous appartient en propre. Plus il nous définit tels que nous sommes vraiment.

L'amour devient une loupe qui nous montre sans apprêt, nus. Il n'y a plus à crâner ou à se défendre, on est paisibles.

D'où ce rayonnement tranquille, que seul l'amour génère.

Cette grande paix permet de soulever des montagnes. Pour soi et pour les autres. Un couple aimant propage de la confiance et sert d'échantillon : c'est possible, l'amour existe, on l'a devant les yeux, en chair et en os.

Un jeune philosophe de mes amis m'a dit un jour : « L'amour ? Pouah ! Une valeur héritée du XIXe siècle, une attitude débile, dégoulinante de sensiblerie romanesque et de pâmoison chrétienne. On a évolué, réveille-toi ! L'homme moderne a besoin de bien autre chose, de justice sociale, de liberté, de laïcité ! »

Il se trompe. Historiquement, l'amour n'a été compromis ni par les changements de société, les progrès et les ouvertures, ni par les découvertes scientifiques qui ont étudié chacun des mouvements de nos cellules. Encore inexpliqué, l'amour est l'apanage des humains, pour les autres êtres vivants on parle de prolongation de l'espèce, de chaîne biologique, d'instinct animal. Mais l'humain se distingue par ce besoin inextinguible d'amour, envers et contre tout.

L'amour ennoblit l'homme, comme son contraire, la haine, l'avilit et le dénature. Les humains sont programmés pour aimer. Les obstacles, en nous et hors de nous, plantent un vaste jeu de l'oie que nous devons parcourir et vaincre. Mille dangers nous guettent : les rencontres négatives, qui nous font régresser, abaissent nos espoirs et tordent la courbe de notre croissance. On appelle cela des « erreurs », mais ce ne sont que des mauvaises pioches, on tombe sur des cases malchanceuses, des retours en arrière, des stagnations, et celle du diable qui embrouille les cartes. Des illusions et des rêves, entretenus par tous ceux qui aspirent à nous vendre quelque chose, à nous embobiner, à nous annexer. Au nom du groupe, de la communauté, de la famille. D'une morale conseillée, sinon exigée. Loin de nos désirs profonds. Il faut de la force pour résister. « Se trouver », disait Pirandello, c'est bien de cela qu'il s'agit : se découvrir, se connaître. À travers le jeu périlleux de l'amour, on en apprend de belles sur soi ! On joue, on perd, on remet ses billes sur le tapis. On ne gagne pas du premier coup. Ce serait trop beau !

Les âmes simples sont peut-être avantagées. Les cerveaux développés par de longues études risquent de voir leur accès à l'amour freiné. Trop d'interrogations, trop de recul et d'incertitudes philosophiques. Aussi, la paix intérieure offerte par l'amour nous ramène à l'innocence de l'enfance, à nos premières palpitations, nos premières larmes. Aucun filtre ne s'est encore interposé entre soi et le monde qu'on découvre.

Cette pureté est vite corrompue, en premier par les parents, qui projettent leurs propres inhibitions, leurs propres défaites ; puis par les maîtres d'école, qui propagent de la culture standard ; voire par les petits camarades cruels et délurés. Nous sommes conditionnés très tôt.

L'amour est libérateur, il rejette les embrigadements et, s'il le faut, sort des rails avec légèreté et insolence.

Le plus beau de l'amour est qu'il échappe à la volonté. On ne le décide pas, on ne le fabrique pas, on ne le commande pas. D'où ses nombreux qualificatifs : enfant de Bohême, hors-la-loi, archer espiègle, courant d'air capricieux comme une plume au vent ! Selon la *vox populi*, il déstabilise et asservit. Pourtant, on l'aime et on le veut. Toutes les chansons du monde soupirent en chœur : pourvu qu'il arrive !

Parce qu'il est le seul événement vrai de notre existence.

Le seul qui ne subit aucune influence, aucune suggestion. Aucun maître, aucune nécessité non plus. Prouver son utilité est osé.

C'est pourquoi il est rare, incompréhensible et presque toujours rebelle.

Il occupe tous les récits, tous les poèmes, et pourtant il n'est pas plébiscité. Les gens qui se lancent à aimer ne sont pas si nombreux. Des gens vraiment au service de l'amour, je veux dire, qui acceptent sa loi et ses exigences. Vivre pour l'amour. Pour qu'il vive et grandisse avec le temps.

Car l'amour n'est pas inerte. Il bouge, se bonifie ou dégénère, se cogne contre des ennemis qui cherchent à le démolir. Les accidents ne sont pas impossibles. Aussi faut-il soigner un amour comme une fleur rare qui réclame sa dose de soleil. Mais aussi le protéger des agressions, surveiller avec science et perspicacité les pièges tendus. L'amour est une matière vivante qui demande l'attention et l'opiniâtreté d'un « obtenteur » de roses anciennes parfumées, les plus instables et les plus délicates.

La liste des actes nécessaires est rapidement dressée : penser constamment à l'amour, le chérir et désirer sa victoire. Se maintenir en forme pour le recevoir. Organiser les journées pour qu'il puisse trouver son espace.

Un vrai boulot, voyez-vous.

Une croisade !

Mon ami philosophe se gausserait : voilà que je plonge dans l'imagerie du christianisme. Les apôtres et leurs successeurs étaient malins : ils ont prêté à la parole du Christ tous les termes de l'amour terrestre, que les foules pouvaient comprendre. On les affranchissait soudain de pulsions triviales, de leurs passions et de leurs désirs. Jésus n'a pas condamné l'amour physique, il a seulement prié qu'on respecte les dix commandements, qu'on ne convoite pas la femme du voisin et qu'on tempère le stupre.

Les abus sexuels sont toujours issus de l'ignorance et de l'impatience sauvage qui en découle. Il faut être bien élevé pour déguster l'attente de l'amour, la préciosité de l'amour, la noblesse des élans amoureux. L'amour est inévitablement courtois, racé et sélectif. Même dans un environnement prolétaire, il s'exprime avec classe. L'amour est une conquête de l'homme sur la bestialité et, si certains gestes qui l'expriment restent brutaux, ils sont apprivoisés, ordonnés comme les cabrioles chorégraphiques d'un faune dansé par Serge Lifar. On ne se prive de rien dans l'amour, il englobe toutes les tendances, tous les instincts. Il fait de nous des êtres complets, qui ne renient rien de leurs particularités. Il colore une réalité noire et blanche d'un arc-en-ciel de liberté. L'amour ne déguise pas le réel, il l'habille et le poétise. Les humains n'ont rien inventé de mieux pour supporter les fureurs du monde.

On doit s'exercer avant de pouvoir chanter l'amour.

Je reviens sur l'âge adéquat pour entonner légitimement cet hymne. Je ne crois pas qu'on y soit prêt tôt dans la vie. On n'y comprend rien à vingt ans, on trouve ça ringard, sirupeux et contraignant. Ça mène où, l'amour bêlant et unidirectionnel ? Quel horizon, quel avancement promet-il ? Un chemin étroit, unique et rétréci.

Un seul chemin, ou tous les autres…

La balance est féroce. La variété infinie de voies, d'offres ou de rêves élève un rempart contre l'unicité de l'amour. Comment renoncer à l'étendue des possibles ?

Montaigne a répondu, en cultivant son jardin, son petit jardin entouré de murs et de buissons.

Tout est dans l'un, et l'un est le tout.

On peut faire le tour de la terre à partir d'un amour,

tandis qu'en partant sans amour on revient sans amour, au même point de départ. Difficile à expliquer à des jeunes, et c'est sans doute souhaitable, il faut bien qu'ils se cassent les dents eux-mêmes, à la recherche de l'amour. Ils ne savent pas qu'ils le cherchent, mais ils lui préparent sa place.

Car l'amour est simultanément une capacité et une opportunité. Il n'apparaît qu'aux cœurs prompts à l'héberger. Aux âmes aptes à le prendre en charge. Ce n'est pas l'amour qui est rare, c'est notre disponibilité à l'accueillir qui l'est. Il ne se manifeste pas à n'importe qui, n'importe quand. Il se révèle à ceux qui l'espéraient, qui n'y avaient pas renoncé, au plus profond de leur chair.

C'est pourquoi il ne court pas les rues et, quand il se présente, il requiert de l'humilité et un brin de fierté : on a été élu, l'optimisme est récompensé.

Je m'offre à vous en cobaye, l'aventure est si surprenante que je m'en étonne encore. D'un côté je me demande comment j'ai pu vivre si longtemps sans cet amour, de l'autre je le mets à l'épreuve, comme on secoue un prototype dans tous les sens pour juger de sa fiabilité avant d'en proposer la fabrication. Je le soumets à la séparation, à la fatigue, au froid, à la canicule, à la mauvaise humeur, à la plaisanterie, à la flânerie ou au surmenage. Il résiste. Il rebondit. Il est incassable. Il se déploie, tel un acrobate contorsionniste. Il m'éblouit.

Nous avons eu chaud, Michel et moi. Nous pouvions quitter cette terre sans nous retrouver, finir nos vies sans amour, connaître le sort de tant de personnes, la majorité, je pense. Nous aurions survécu doucement comme tous ceux qui s'habituent à leur condition. Comme eux, nous écoutions les poètes, lisions les romans d'amour ou écoutions les chansons poignantes d'Édith Piaf, puis nous poursuivions notre route, dubitatifs et déconcertés. Qu'ont-ils, tous ces artistes, à bramer ainsi ? L'amour semble une exagération, une pathologie. On peut vivre plus raisonnablement que ces pauvres exaltés en quête de l'impossible, victimes du projet fou de vaincre la mort.

C'est bien de cela qu'il s'agit : un pied de nez à la mort, à la solitude, à la peur et à la bêtise. Les adeptes de l'amour ont brûlé sur des bûchers, les imbéciles jamais. La bêtise gagne, au contraire, plus massive et plus compacte que les beaux sentiments.

Dans son dernier livre, bouleversant, *Réflexion sur mon échec*, Jean-François Kahn analyse très lucidement ce phénomène : l'intelligence ne gagne jamais, elle est écrasée par des vagues de consensus qui se contredisent et se succèdent sans foi ni loi. Tu as tristement raison, cher Jean-François, mais je veux te consoler. Tes idées vivront au-delà de toi et du temps, parce que tes pensées sont empreintes d'amour, de beauté, et qu'elles sont invincibles. Nous serons quelques-uns à tenir bon, à ne pas hurler avec les loups, et je parierais que notre message sera le plus durable. Patience, Jean-François, continue à nous parler avec ton cœur, nous t'écoutons.

Tu n'es pas le seul à te sentir isolé et vaincu. Tous ceux qui, comme toi et moi, font de l'amour une arme totale sont moqués et poussés sur le côté. Je voudrais bien qu'on me démontre par quelle autre vertu le monde se sauvera. Je voudrais bien qu'on invente un remède plus puissant à toutes nos peines. Parce que l'amour est LA solution à tout.

13.

J'observe Michel et je devine, sous ses traits d'aujourd'hui, le jeune homme qu'il a été. Je reconnais ses impatiences, ses fulgurances, ses appétits et ses dégoûts. Je me le figure inséparable de son cigare et de ses rasades de café, la tignasse noire en bataille. Je l'entends s'emballer sur une intonation de Ray Charles ou sur un solo de trompette de Miles Davis. S'extasier sur le sourire d'une jolie femme ou celui de sa fille Eugénie, son grand amour. Il était charmant et expansif, ce jeune homme, peut-être aurait-il fini par m'agacer…

Je l'aime infiniment aujourd'hui, avec ses cheveux blancs, ses joues creuses et ses longues mains inchangées. J'aime sa voix qui n'est plus tout à fait celle du chanteur surdoué qui pouvait grimper dans les aigus et swinguer comme un Afro-Américain. À présent il chante un peu faux mais chaque son qui sort de sa bouche est musical. Il esquisse les chansons, sans aller jusqu'au bout, il nous laisse les finir à sa place, nous les connaissons par cœur. Il saute de joie, encore, quand Natalie Dessay enregistre ses chansons, et traverse le studio en courant pour aller l'embrasser. Il pousse des cris, hilare, pendant qu'il joue du jazz, si ses musiciens suivent docilement ses improvisations. Puis il quitte la scène de son pas lourd, sans se retourner vers le public qui l'ovationne.

Il est ainsi, bouillant et distant. Présent et détaché. Juvénile et très vieux. On a du mal à croire que l'homme courbé qui sort de sa loge, cornaqué par les assistants et les régisseurs prévenants, est le même que celui qui s'installe au piano et prend possession du public en quelques mots au micro.

Je vis ce dédoublement à tous les instants de notre vie. Un homme le matin, un autre le soir. Un homme avant le déjeuner, un autre après. Un homme avec moi, un autre avec ses interlocuteurs, ceux qui le rencontrent quotidiennement, et ceux qui l'approchent timidement sans bien le connaître, avertis de son caractère abrupt. J'assiste au déroulement d'un kaléidoscope de personnalités en lui, contradictoires et surprenantes, reliées par un seul fil solide : la musique, le culte de l'excellence et du travail expert et humble. Pas d'indulgence pour les fausses valeurs, pour les demi-pointures. Les trois quarts des artistes acclamés aujourd'hui ne méritent pas leur succès et passeront à la trappe, dit-il. Sa sévérité légendaire repose sur ses propres goûts musicaux, sa rencontre avec les meilleurs, des géants qu'il a eu la chance de côtoyer ; il a joué avec eux, pour eux : Sarah Vaughan, Miles Davis, Bill Evans, Nina Simone, Ella Fitzgerald, Barbra Streisand, mais aussi Igor Stravinsky, Maurice Duruflé, John Williams et Stephen Sondheim, Henri Dutilleux et sa femme Geneviève Joy. Il a étudié leurs œuvres, écouté leurs enseignements et leurs méthodes, avec respect et dévotion. Il aurait voulu rencontrer Jean-Sébastien Bach, dont il connaît l'œuvre pharaonique « sur le bout des doigts », s'inclinant devant son génie absolu et le portant au pinacle.

Michel est un homme de contrastes. Il n'est pas facile à cerner, des opinions diverses circulent sur lui, on l'adore ou on le déteste, mais tous sont unanimes sur son extraordinaire talent. Ses détracteurs sont à court d'arguments quand il s'agit de sa musique. Le bonhomme peut déplaire, sa musique jamais.

On dit : « Qui a du caractère a mauvais caractère. » Michel en est la démonstration ! Il a le courage de ses convictions, les défend face aux plus redoutables ennemis. Il fonce, inconscient du danger peut-être, poussé par une nécessité catégorique qui ne souffre pas de compromis. Son mécontentement éclate librement, sans fard. Tempérament lisible, pas retors pour deux sous. Égocentré, comme la plupart des artistes. Mâtiné d'accès de tendresse et de générosité.

J'ai toujours pensé que les vrais créateurs sont dépositaires d'eux-mêmes, de leur puissance d'invention, et n'agissent pas au profit de leur personne physique, mais en priorité pour préserver l'espace de cet autre être en eux, celui qui crée, qui a le devoir de créer. Ce n'est pas simple à expliquer aux gens, comme ce n'est pas facile de vivre aux côtés d'un créateur.

Je mets dans la catégorie des créateurs les artistes, les leaders politiques et les chercheurs. La science et les arts réunissent ces personnages à part, pour qui la vie « normale » est une énigme. Ils sont indifférents aux préoccupations ordinaires, les vacances, le confort, les liens familiaux, les saisons, les loisirs et la gourmandise. Esthètes parfois, ils apprécient la beauté de la nature, la compagnie de belles personnes et la qualité des œuvres d'autres artistes, mais se lassent vite de ce qui les éloigne de leur tâche, impérieusement dictée par on ne sait quelle exigence supérieure.

Privilège ou damnation ?

L'œuvre de chacun, reconnue ou non de leur vivant, tient lieu de satisfaction. Les bonheurs annexes s'estompent, troublés par les doutes et les urgences.

À travers les temps, la différence entre créateurs et non créateurs se confirme et perdure. Les sociétés se succèdent et la sélection s'accentue. Le pourcentage des individus qui laisseront une trace a peut-être augmenté avec la diffusion de l'éducation – et encore, je n'en suis pas si sûre. Dans l'afflux des nouveaux acteurs, beaucoup de « faux monnayeurs » sévissent, depuis que l'art est devenu une marchandise évaluée par le marché. La culture comme signe extérieur de richesse, monnayable. Chaque cabinet de dentiste peut s'enorgueillir de toiles contemporaines sur ses murs. Les opéras sont bondés et les queues s'allongent aux expositions. Tous savent, tous ont vu, tous sont instruits.

Et pourtant, déceler les artistes valables est devenu un rébus. Il reste un critère tangible : leur comportement humain. L'obstination et le sacrifice. Des trajectoires qui ne dévient pas, avec des rappels à l'ordre quand les brebis égarées désertent temporairement leur destin. Personne n'oblige un créateur à créer, personne n'a besoin des créateurs. Personne n'encourage personne à devenir un artiste. La volonté chevillée au corps, ils avancent aveuglément, seuls, souvent pauvres.

Les innombrables études sur les grands artistes du passé nous les montrent confiants et victorieux, certains d'avoir atteint leur but. Après. Quand ils sont morts. De leur vivant, ce n'était pas la même musique. Le doute et la rivalité avec leurs contemporains les rongeaient. Même Victor Hugo tremblait de ne pas égaler Goethe. Plus on monte, plus la cible est haute, dans une spirale sans fin. La modestie est la sauvegarde du génie. Pour eux, la bataille est toujours perdue. Aucun hommage, aucuns lauriers ne confortent l'angoisse d'un créateur. Et s'il sombre dans la vanité, son esprit coule en même temps, avec son génie. Je n'exagère ni la condition des artistes ni la malédiction qui les taraude. Le bras de fer demeure et aucun relâchement n'est permis.

Dans cette mission obsédante des créateurs, les éclairs de bonheur proviennent de l'amour. À deux, on invente un monde qui se suffit à lui-même. Un tout hermétique, sans scission possible. Un organisme complet. De cette union peut émerger la procréation, mais ce n'est pas le but unique. Pas pour les artistes. Pour la plupart des amants, l'enfant est l'aboutissement de l'amour, c'est naturel. Mais l'amour pour l'enfant modifie l'amour de la cellule initiale, on est deux plus un. La dépendance de l'enfant est un envahissement fatal. Et l'autre amour peut se transformer, se cacher au second plan.

À ce moment de notre vie, nous ne courons pas ce danger !

L'amour à l'état pur, tel que nous le vivons, Michel et moi, contient sa propre régénérescence, l'émerveillement d'être. Chaque jour s'affirme et s'additionne au précédent, s'aventurant vers l'inconnu. Le temps qui passe charrie des événements, des découvertes et des étonnements, encore. Nous enfantons notre futur avec insistance, chaque cellule de notre corps s'y emploie. Laxisme ou négligence interdits. Chaque mot, chaque action compte. En pleine conscience, nous enregistrons la moindre fluctuation, le moindre battement d'aile, exercice d'ornithologue pointilleux.

Au théâtre, on investit l'inconscient des spectateurs par des gestes apparemment anodins, qui ouvrent des brèches. Un signal quand l'acteur est de face, un autre signal quand il est de profil ou quand il est de dos. La voix forte rassure, les murmures inquiètent. Le plein feu ouvre au collectif, la pénombre pénètre l'intime de chacun. Le sourire apaise, les larmes dérangent. Les bijoux trop voyants brouillent la crédibilité d'un personnage, la nudité d'un danseur replonge dans le dénuement de la prime enfance. Tout a un sens, tout agit sur la plaque photographique qu'est le cerveau d'un spectateur, objet de la catharsis du spectacle.

Dans l'amour, il en va de même. Je ne dis pas qu'il faut se surveiller à chaque instant, mais il est préférable d'être conscient de la portée de chaque exclamation, de chaque silence. On dit : soyez naturels, soyez vous-mêmes. Cela ne veut rien dire. Les humains ne sont jamais naturels, ils accumulent au cours de leur croissance un vocabulaire appris d'attitudes et de mots, ils éduquent leur voix, assouplissent leurs mouvements adaptés à chaque situation. On ne se gratte pas les narines à un enterrement ni à un rendez-vous professionnel, mais observez les conducteurs, ils ne se gênent pas dans leur voiture où ils pensent être seuls au monde !

Nous collectionnons les comportements, nous sommes tous des acteurs dont la scène serait la vie.

Pourquoi faudrait-il l'ignorer ? Quel mal fait-on à améliorer son aspect, à croiser les jambes avec élégance ou à rire joliment ? Quel bonheur de trouver les mots justes pour exprimer ce qu'on ressent ! Quel plaisir que de porter les vêtements qui racontent ce qu'on pense de soi et qui flattent les yeux qui nous regardent ! Je revendique ces petits outils de connaissance et de séduction, ils en disent long sur une personne et sur une relation. Je ne me montre jamais à Michel bouffie et décoiffée au petit matin. Je ne mange pas d'ail cru, je ne bois pas d'alcool odorant, et je surveille mes aisselles que je lave plusieurs fois par jour. Pardon de ces détails triviaux, ils ont leur importance, car tout a de l'importance dans une relation amoureuse. Le danger de la banalisation et de l'indifférence menace tous les couples, et je prétends qu'un effort de présentation protège des accrocs.

Bref, avec Michel, pour moi, chaque jour est le premier jour.

Les efforts de longue haleine (maigrir, apprendre le solfège, l'alphabet arménien, à jouer à la belote, à faire des tartes ou des pâtés de campagne à l'ancienne) m'essoufflent un peu, mais je n'y renonce pas. En revanche, les disciplines quotidiennes me ravissent, je suis une rente pour mon coiffeur et pour Monoprix où je ne rate pas un foulard ou un gilet seyant. Je m'adonne subtilement à l'art de paraître naturelle. Toute une science. Le « bon goût » réside dans ce postulat : la construction ne doit pas se noter. On gomme les imperfections par une série d'astuces et les objets de secours ne manquent pas. Les tendres cachemires ne coûtent plus si cher, les jupes longues allongent la silhouette, la coupe des baskets Superga affine le pied en été. Les couleurs vives donnent bonne mine et les ongles courts rajeunissent les mains. Les fins cols roulés masquent les plis du cou et les boucles d'oreilles éclairent le sourire. Les effluves d'eau de toilette nappent les épaules d'une micro-atmosphère hospitalière, mais attention, les parfums capiteux produisent l'effet inverse. Les rouges à lèvres luisants et prononcés interdisent les baisers, un léger trait de crayon de la couleur des lèvres les invite. Les hommes ne remarquent rien, ils perçoivent l'allure générale sans relever les détails. Mais ils voient tout. Ils comprennent que les choix leur sont adressés, ils sont honorés et reconnaissants. Incapables d'analyser les messages, ils les reçoivent cependant et sont la proie de la performance. Proie consentante et ravie.

Ainsi s'installe un dialogue muet, une joute à fleuret moucheté. Je te surprends, tu me surprends en train de te surprendre, j'intègre ton goût admis par le mien, et ensemble nous nous moquons du temps et de nos défauts. Nous ne cachons rien, nous aménageons, nous accentuons nos particularités, qui deviennent des originalités. Nous sculptons nos visages à partir de la matière brute qui nous est livrée en naissant. Nous nous ornons comme pour une fête permanente, nous étalons notre degré de culture et notre habileté à saisir tous les moyens existants (ou à venir, comme on dit dans les contrats de cinéma).

Je suis pourtant opposée à la chirurgie esthétique, je l'ai souvent dit. Non qu'elle n'obtienne pas les résultats recherchés, certaines interventions sont remarquables, mais elle s'interpose entre un visage et celui qui le regarde, tel un masque étranger. Je suis une adepte du vieillissement heureux, des rides expressives et des bourrelets touchants. La chirurgie interprète objectivement les améliorations possibles, mais rien n'est objectif dans une physionomie. Pire : on peut se demander si la personnalité ne se cache pas dans un nez trop long ou des joues trop rondes. Et si l'équation d'un assemblage de traits bizarres contenait le secret du charme ou du charisme ? Depardieu sans son gros pif n'aurait pas d'autorité, Balasko sans ses kilos n'a plus la *vis comica*, Einstein sans sa couronne de cheveux blancs n'aurait pas incarné le savant fou et visionnaire qu'il était. Les très beaux ont d'ailleurs du mal à être pris au sérieux et les très belles passent pour méchantes. Cette recherche désespérée de beauté cataloguée rend la chirurgie vaine et dangereuse. À part une grosse verrue ou une tache mal placée, il ne faut rien toucher. Et même : voyez Gorbatchev, se souviendrait-on de lui sans sa mappemonde sur le front ?

14.

– Je me suis rencontré dans la glace, et je me suis dit : embrasse bien Macha pour moi…

Comment voulez-vous que je ne fonde pas en recevant un SMS comme celui-là ?

Poésie pure, amour de chaque instant, humour aussi. Je suis gâtée, mais c'est notre amour qui en sort revigoré, actualisé. Quand je vous dis que nous avons tiré la leçon de nos amours passées, et que cette fois-ci nous ne laissons s'échapper aucune occasion de nous prosterner devant notre chance immense.

Michel possède le don d'aimer, c'est un avantage. Il clame haut et fort que l'amour siège en lui et lui inspire actes et paroles.

Je crois flairer dans ses inspirations musicales actuelles des parfums paradisiaques évoquant l'amour qui nous enveloppe. Peut-être suis-je trop réceptive aux nuances qui se dégagent de ses œuvres maintenant ? Ses dernières musiques sont intenses et aériennes, on dirait qu'il élève le propos chaque fois qu'il le peut, qu'il évoque le fond et jamais l'apparence, d'emblée. Ses thèmes nous déshabillent, nous mettent à nu, désarmés. J'y vois la marque d'une profonde réflexion sur la permanence de l'amour et sur la durée de la vie. Les deux interrogations se croisent et se mêlent en un chant de joie. On pleure et on rit en même temps.

La musique dégage une force inégalable, que les mots n'atteignent jamais. Michel ne mesure pas lui-même la tempête amoureuse qu'il livre dans ses musiques et l'effet immédiat qu'elles produisent à nos oreilles. C'est un magicien, un grand prêtre, un hypnotiseur, comme vous voudrez. Des salles entières de spectateurs sortent leurs mouchoirs au même moment, comme Bourvil ou de Funès provoquaient les rires à la même seconde. Mais autant les comiques calculent leurs effets, autant Michel ne planifie rien : son cœur parle sans attendre d'écho, sans prévoir la réaction des auditeurs. Il cherche une vérité musicale, une exactitude qui déchaîne une émotion irrésistible et universelle. Les plus durs à cuire succombent, parce qu'on sent bien qu'il ne tend pas de piège, qu'il ne spécule pas sur notre envie de pleurer. C'est si bon de pleurer honnêtement, sans honte et sans retenue. Mais nos esprits cartésiens se méfient et ne s'abandonnent pas facilement. Les musiques de Michel inspirent confiance et nous permettent de pleurer en paix.

Si je devais tirer de ce constat un conseil à prodiguer à tous, je dirais : chantez vos sentiments, émettez des sons et des vers, projetez-vous dans le monde de la représentation et du récit. N'ayez pas peur du ridicule, seuls les mensonges sonnent faux. Si vous aimez, vous trouverez les mots justes et les moments pour les dire. Nous sommes tous poètes, à des niveaux différents, et le désir de dépasser le réel habite tous les cœurs.

Messieurs, n'offrez pas des fleurs dans un bouquet préparé par la fleuriste, égrenez chaque rose en les posant un peu partout dans la maison, ou posez-les dans une casserole d'eau froide sur la cuisinière avant que votre aimée n'arrive.

Mesdames, offrez des fleurs à l'homme que vous aimez, glissez une lettre dans le bouquet ou une photo de vous deux, avec un vers d'Aragon à Elsa Triolet que vous aurez recopié. « Je suis plein du silence étourdissant de l'amour… » Posez une rose sur son oreiller ou dans son verre à dents. Ou bien éparpillez les roses au sol pour qu'il les ramasse comme le Petit Poucet jusqu'à l'endroit où vous l'attendrez.

Je vous suggère ces petites folies qui montreront que vous pensez à lui (à elle) depuis des heures et que vous laissez les roses parler pour vous. Parfait remède contre la timidité, contre l'autisme que l'amour entraîne parfois. Il (elle) vous rendra la pareille un jour.

Car l'émulation règne dans une histoire d'amour. C'est à qui aimera plus, qui saura mieux le dire, qui étonnera l'autre. « Étonne-moi », disait Diaghilev à son danseur et amant Nijinski. On se prête voluptueusement à une compétition amoureuse, chacun usant des talents que l'autre n'a pas. Le but est toujours le même : faire vibrer l'amour à l'infini, rivaliser d'imagination et de présence.

J'entends ceux qui marmonnent : elle n'a rien d'autre à faire, ma parole, que de parsemer des billets doux dans la maison ou de courir acheter des tournesols hors saison ? Bien sûr que si, je travaille et j'ai une pièce de théâtre à apprendre, ça demande des heures d'application, je vous assure. Mais je trouve toujours du temps pour l'amour, car il ne me quitte pas, il flotte autour de moi et me suggère des gestes, graves ou légers, il guide mes pas et allège les corvées (répondre aux demandes téléphoniques, évincer les emmerdeurs, relire les articles de presse, surveiller un contrat, payer la femme de ménage, porter en vitesse son costume de scène chez le teinturier parce qu'il a un concert demain, etc.). Nous sommes ensemble même quand il n'est pas là, et doublement quand il est très loin, en tournée au diable, en Russie ou en Amérique latine, puisque j'assure la liaison avec ses collaborateurs et la base, ici. La merveille des portables et des abonnements planétaires nous relie sans arrêt, quels que soient les fuseaux horaires. De même, quand je joue au théâtre, il m'appelle avant que j'entre en scène, où qu'il soit. Une défaillance ne peut venir que des réseaux téléphoniques, jamais de nous.

Cette discipline ne nous coûte pas. Elle est évidente et s'est imposée sans qu'on en convienne. En ce moment, j'écris, je parle de lui et mon esprit se sauve chaque demi-heure pour regarder la montre et attendre l'heure juste pour l'appeler. Ou pour aller mettre la table du dîner auquel j'ai pensé depuis le matin. Une mère pense de cette manière à son enfant qui sort de l'école, l'horloge vissée à son sens du devoir. Moi, je pense à lui, je me prépare à la minute heureuse où nous allons nous retrouver, et soupirer ensemble : enfin réunis ! Je ne fais rien par devoir avec Michel, je peaufine nos retrouvailles, jamais routinières, avec délice. Il arrive que je sois à contretemps, qu'il ait programmé de regarder un match de tennis avant de dîner ou qu'il soit pressé de passer de longs coups de téléphone. Alors je remets le souper au frigo et j'attends. Je ne lui en tiens pas rigueur, je réorganise la soirée sans problème. Évidemment, je ne programme pas de soufflés, on les mange au bistrot, quand on y va : pas souvent, je suis une fieffée cuisinière !

Je ne suis pas patiente, je suis disponible, ce n'est pas la même chose.

Quand il exagère (les hommes franchissent aisément la ligne jaune), je lui tends son manteau et je lui dis :

« Ce soir tu me sors, mon amour. » Et nous allons au Dôme manger le meilleur poisson de Paris.

J'ai appris à relativiser, à juger ce qui a de l'importance et ce qui n'en a pas, à ne pas me fâcher, juste un ou deux mots drolatiques et l'affaire est dans le sac. Quand je suis fatiguée moi-même, j'ai un peu moins de patience, mais je me mords la langue pour ne pas proférer des mots que je finirais par regretter ensuite. Je prends un bain chaud et je vais me coucher avec un gros livre. En général, il vient vite me rejoindre, charmé de profiter de ma chaleur et des fragrances d'eucalyptus dont j'ai aspergé de quelques gouttes l'eau de mon bain. Tant pis pour le dîner. Tant mieux pour la position allongée dans le lit, l'un contre l'autre.

Je ne suis pas tout à fait honnête. Il m'est arrivé de me fâcher. Par moments, il m'horripile. Sa mauvaise foi et son côté « rien ne me convient, je vais peser de tout mon poids sur les heures à venir » me mettent hors de moi. Alors je sors des grandes phrases, il me répond derechef, et savez-vous ce qui se passe ? Nous devenons pointus et cinglants, nous brillons l'un et l'autre d'arguments sans faille, de formules inespérées, ça fuse des deux côtés, on redouble d'accusations percutantes, avec des mots recherchés que les grands avocats nous envieraient ; bref, nous créons, nous inventons notre dispute avec la même précision, la même volonté que nos échanges amoureux. Au bout de quelques minutes, nous nous regardons, médusés, nous cessons net, nous rions, nous nous félicitons de notre éloquence réciproque et nous nous embrassons, plus proches que jamais.

Je suis en train de vous dire que le réel n'a aucun intérêt.

Ce qui nous transporte, ce qui nourrit et embellit l'existence, c'est de l'inventer et de l'interpréter, de plier les désagréments en origami de toutes les couleurs, de déployer leurs ailes irréelles et inoffensives, de fouler au pied les torts, de se saisir de chaque occasion, chaque mouvement d'humeur pour danser ensemble, pour prolonger le dialogue sans fin, partenaires et opposants, aimables ou courroucés, tendres ou vindicatifs. Quand l'amour tapisse toutes les humeurs, tous les passages d'une journée, les blessures irréparables ne peuvent pas se produire. On entérine des différences, des désaccords, mais ils sont vite dépassés, ils auront servi à aiguiser la curiosité et, en fin de compte, à l'écriture d'une belle scène de cinéma, ponctuée de phrases superbes.

George Sand disait : « J'ai toujours vécu pour l'*idée*… »

Chère et admirable George qui avez guidé mes pas dans des périodes d'incertitude, vous avez raison. La pensée est une armure contre le fugace, l'ennui et la fadeur des faits.

Le rêve est plus vivable que la réalité.

Il est là, le secret du bonheur.

Le réel est têtu, pauvrement répétitif, tandis que l'imagination est infinie et individuelle. Chacun la sienne, chacun son monde, ses « fantasmes », comme on dit de nos jours. On échappe à la banalité et à la grossièreté en obéissant aux espoirs et aux rêves. L'amour, somme toute, est une sublimation des possibilités humaines sur cette terre, et peut-être au-delà ?

L'amour fausse les calculs et les suppositions. Il est maître du jeu, puisqu'il est désintéressé et gratuit. On piège les agents secrets aguerris et les gouvernants les mieux protégés avec leurs amours secrètes. Ce qui veut bien dire que pour faire ces métiers-là, politiques et militaires, il vaut mieux être une brute dénuée de sentiments.

Nous sommes fiers d'être candides et vulnérables, Michel et moi. Nous ne briguerons jamais de poste de pouvoir. Nous tenons trop à aimer au grand jour, en toute liberté.

Peace and Love, disaient les hippies…

15.

Nous avons fêté nos trois ans de mariage. À nos âges, chaque année compte double, au moins. Le temps file aussi vite qu'auparavant, mais il est multiplié par nos deux vies mélangées. Notre temps ressemble à une maison qui regrouperait les meubles de deux maisons réunies à la suite de ventes et de déménagements. Au fur et à mesure, on élimine les doublons, on conserve le meilleur, le plus fonctionnel ou le plus attachant. Pas question de rejeter arbitrairement les possessions de l'un ou de l'autre, chacun décide ce qu'on garde et ce qui va au grenier, ou directement aux oubliettes. Un grand ménage qui permet de voir clair dans le passé et d'aborder le futur sans fardeau. Vous n'imaginez pas combien de choses passent à la trappe ! Sans l'ombre d'une hésitation. Vie neuve, peau neuve, cadre neuf.

Une aubaine. L'opération se présente plusieurs fois au cours d'une vie. En général au carrefour d'un virage professionnel, ou à la rencontre d'un amour.

Souvent les deux en même temps.

Alors se pose la question de l'ancien et du nouveau, du passé et de l'avenir, de l'acquis et de la nouvelle offre. Que supprime-t-on et que préserve-t-on ? De ce tri dépend la suite des événements, comme du décollage d'un avion dépend la sécurité de toute la durée de son vol.

Je récuse l'affirmation qu'on ne change pas, que le caractère des individus est immuable et réapparaît fatalement. Affaire de gènes et d'hérédité. L'histoire de chacun n'est pas écrite d'avance. Si on se lance dans une autre direction, c'est précisément pour abandonner des plis anciens ou corriger des malentendus. On n'est pas comptable à vie des faux pas ou des errements de jeunesse. On se cherche, on apprend, on s'améliore. De même, on se transforme à la faveur d'initiations et de rencontres. Un livre, une pièce de théâtre, une conversation peuvent bouleverser une vie.

Alors, pensez donc : un amour !

La découverte de l'amour est une illumination qui alerte notre conscience, chavire nos sens et planifie sa propre trajectoire en nous proposant de l'adopter. Gare à ceux qui ne lui obéissent pas, ils traîneront toute leur vie le regret de l'occasion perdue. L'occasion de changer.

On change, notre corps change, notre mentalité change, nos aspirations changent. On a le droit de changer. Je dirais même : on en a le devoir.

L'aventure de la vie se focalise à cet endroit précis : notre capacité à accueillir la nouveauté, à entendre les voix qui nous appellent, qui nous sont destinées. À nous de les écouter et de résonner avec elles. Ceux qui plongent la tête dans le sable n'ont aucune chance de progresser ni de connaître de grands battements de cœur.

Certes, on éprouve une inquiétude à changer. Le frisson du risque. On sait ce qu'on quitte, on ne sait pas ce qu'on trouvera. L'inconnu effraie.

Mais ne pas s'exposer au changement revient à faire du surplace, pire, à reculer. La chair est réactionnaire et peureuse. Il est vital de résister aux sirènes du conservatisme. Ceux qui espèrent tracer un sillon unique et prévisible tout au long de leur vie s'enferrent et s'enfoncent.

Je suis persuadée de cela, l'émancipation des peuples, et donc des femmes, le démontre. Des talents ont émergé, les clichés se sont évanouis. Les femmes ne seraient pas artistes et seraient allergiques à l'abstraction mathématique. Les Africains seraient flemmards, les Arabes froussards, les Italiens irresponsables et roublards. Tout a été démenti : les femmes sont polytechniciennes et cinéastes, les Africains construisent des mégapoles, les Maghrébins ont tenu tête à toutes les armées occidentales et les Italiens ont inventé l'avant-garde de l'eurocommunisme avec Gramsci, Togliatti et Berlinguer.

Les lieux communs sont des attrape-nigauds pour favoriser l'immobilisme et le racisme. Pour enfumer les vrais enjeux. On flatte les instincts de préservation, les peurs et les indolences bien humaines. Le petit confort qu'on a aménagé, et qu'on voudrait définitif. La première pédagogie est d'expliquer aux peuples – et aux individus – que la mobilité est mère de stabilité. Un soldat pris en embuscade doit se déplacer rapidement pour déjouer les plans adverses et prévenir les encerclements ; dans la vie civile, il faut bouger sans cesse, de la même manière, se tenir éveillé et souple. Dès qu'on gèle une situation, on se rigidifie, on perd l'élasticité nécessaire pour combattre la torpeur et le vieillissement.

Ne pas se contenter, ne pas s'assoupir.

Voilà : je viens de définir comment rester jeune, jusqu'au bout.

L'amour et la jeunesse ont quelque chose à voir.

L'un engendre l'autre, et vice versa.

Si l'on croit posséder un avenir, hors du plat calcul des années, l'aventure de l'amour pointe son nez aussitôt. La jeunesse n'est qu'un espoir d'amour et de passion. Personne n'y échappe. Le mathématicien le plus sec s'amourache de sa collègue de recherche, et sa chair s'emballe en même temps que son intelligence. L'image des amoureux de cinéma, de beaux acteurs aux regards humides, n'est pas la seule représentation de l'amour. Deux personnes moins lumineuses, voire laides, mais passionnées déchaînent ensemble des tourbillons d'émotions peut-être plus forts encore. Leurs corps répondent efficacement, même si leurs gestes sont gauches. L'amour n'est pas une exclusivité angélique des modèles de peintres et de sculpteurs, nus et musclés comme les amants du *Baiser* de Rodin, potelés et lisses comme les anges et autres Cupidons de tous les tableaux allégoriques. L'amour appartient à tous, il est à la portée de tous. Vous qui me lisez en ce moment, si mes mots vous touchent, c'est que je parle de ce que vous connaissez bien, de ce qui relie tous les êtres humains entre eux : les remous de nos sentiments et de nos espérances – cette matière insaisissable qu'on appelle le for intérieur et qui doit bien avoir son siège quelque part, le cœur, le ventre, le cerveau et certains disent maintenant : les intestins. Cette partie de nous, bien à nous, qui nous gouverne et nous obéit tour à tour. Ce double invisible avec lequel nous conversons sans cesse.

La jeunesse est la permission d'entreprendre, d'oser, d'envisager de recommencer si les plans n'aboutissent pas du premier coup, donc de faire fi du temps et de l'attente. On s'élance. On prévoit le meilleur.

En amour, même démarche. On bâtit. On se sent riche, capable de construire des cathédrales. Dans le temps infini. Le temps réel s'estompe derrière la volonté de créer un amour, une histoire d'amour. Une œuvre inutile et absurde. Une provocation à la mort, à la défaite que la mort nous impose. La vie n'a aucun sens, dit Jean d'Ormesson, mais l'amour en a un, il martèle sa supériorité sur toutes les contingences, il s'amuse de la finitude et du désespoir. L'amour, en somme, est notre arme fatale, l'épée de Roncevaux, le Graal.

Comme il est étrange qu'aucun de nos diseurs de bonne aventure, je veux dire nos tribuns et nos dirigeants, ne s'empare de ce levier puissant, qui garantirait leur triomphe. Sont-ils aveugles ou timides ? Ont-ils un respect incontrôlable pour ce qui les exclut d'office, eux qui ne vendent que les avantages matériels et terrestres ? Veulent-ils à tout prix se différencier des prêtres, mages et prédicateurs, comme si le commerce de l'esprit leur était interdit ? Ils promettent des bonheurs concrets et passent à côté de la seule source de vrai bonheur, indiscutable et générale : aimer et être aimé. Trouver l'âme sœur, à laquelle on peut se confier sans réserve. Chacun de nous a besoin d'aimer, de se livrer en confiance.

La confiance est le premier moteur de la vie. La cellule primitive qui s'est soudée à une autre cellule pour former un organisme a agi en confiance. « En amour », comme disent les Québécois. En oubli de soi au profit de l'être nouveau qui s'est constitué : le binôme du couple. L'évolution repose sur ces associations, sur cette ascension. L'amour est assimilable au progrès, à la curiosité des espèces et à l'enchaînement des gènes. Quelle autre cause peut-elle les mouvoir ?

Aussi l'amour est-il synonyme de vie, le foyer de toute mutation, et même les objets sont animés d'amour, quand ils trouvent leur place au sein de cette ronde amoureuse. Le fauteuil invite l'écrivain à sa table, la brosse à dents attend la bouche qu'elle va rafraîchir. La porte du potager grince de joie quand le jardinier la pousse. Les pinceaux du peintre n'acceptent que sa main et le crayon de l'architecte pleure d'abandon près de l'ordinateur. La cheminée ronronne quand on allume le feu et le lit couine de plaisir quand on s'y couche. Les liens de l'amour sont innombrables et fidèles. Tout ce qui tient ensemble est ligoté par l'amour. Ce lien plus solide que toutes les chaînes, lois, règles et menaces.

Ne pouvoir le vivre est un malheur ; le vivre enfin, une fête.

Il y a cinquante ans, Michel et moi ne pouvions pas laisser notre amour éclore, nous aurions injustement blessé des innocents et sans doute nous-mêmes, à travers le chagrin de nos proches. Mais il faut croire que le destin n'en avait pas fini avec nous, à l'inverse du scénario des *Parapluies de Cherbourg* ou de son nouveau prolongement américain *La La Land*, où les amants se séparent, en épousent d'autres, amers et meurtris. Nous avons dû attendre cinquante ans pour nous aimer librement, dans un ébouriffant *happy end*.

16.

Tout au long de cette promenade où je vous entraîne, nous repassons par les mêmes bosquets, près des mêmes fontaines, au bord des mêmes lacs. Les questions que je me pose accostent aux mêmes côtes. Je les regarde de face, de travers, de dos, de loin, de près, par surprise ou fixement, en longues méditations. Le sujet ne lasse jamais.

Qu'est-ce que l'amour ?

Comment aimer ?

Est-on le jouet de l'amour ou bien le commandant en chef de nos actes ?

Quel sens revêt ce maelström intérieur et où nous conduit-il ?

Je ne suis pas la première à fouiller les entrailles de ce labyrinthe, ce monde plus grand que nous qui nous précède et nous succédera, relevé par des générations d'amoureux. On croit être les premiers, que personne avant nous n'a su aimer si majestueusement, mais on découvre vite qu'on prend la suite d'une longue file d'amants, chantés par la légende et les poètes. Depuis l'Olympe, l'amour s'abat sur les hommes et les dieux, en un joyeux charivari qui occupe tout leur temps, leurs nuits et leurs jours, leurs danses et leur sommeil. Une activité apparemment gratuite qui conditionne la postérité et fait couler beaucoup d'encre.

Ceux qui n'aiment pas ne peuvent pas comprendre. D'un instant à l'autre, le monde apparaît sous un nouveau jour, comme si on avait allumé une lampe. De nouvelles logiques apparaissent et d'anciennes s'estompent, jusqu'à disparaître tout à fait. Dès que je me lève le matin surgit ma première pensée : a-t-il bien dormi ? Comment se sent-il ? Que nous réserve la journée qui commence ? Je ne me préoccupe pas de mon programme personnel, de mes obligations, de ma condition physique. J'aurai tout le temps d'y veiller. Je me suis organisée pour que mes tâches se déroulent le plus légèrement possible. Ce qui m'importe en priorité, c'est comment IL va, de quelle humeur il sera, quelle nuit il a passée, quels songes l'ont habité, lui qui rêve beaucoup, lui qui résout souvent ses problèmes en rêvant ? Je suis curieuse et impatiente de lire sur son visage le roman de sa nuit, ou de le voir chasser les lambeaux de sommeil accrochés à ses yeux.

En somme, j'ausculte l'avenir, proche et lointain, à

travers Michel, et non plus en m'inquiétant de mes propres besoins. Je n'oublie pas les devoirs à accomplir, mais je ne m'appesantis pas sur leur importance, je n'en fais pas une histoire. Autrefois, il m'arrivait de me sentir accablée dès le matin par les affaires à régler, par les ennuis récurrents, même si j'ai eu la chance, toute ma vie, de ne pas devoir me rendre à un bureau chaque jour. Mais le poids des choses non faites m'écrasait, me clouant au lit parfois, la tête sous l'oreiller. Je tardais à affronter la journée, épuisée par avance. Sauf pendant les périodes de tournage, où l'on ne réfléchit plus, où l'on appartient au film, où chaque minute compte, précieuse et fonctionnelle.

Aujourd'hui je suis guidée par une nécessité : parfaire le quotidien pour que notre amour s'ébatte splendidement, contredise les prévisions néfastes, surprenne les observateurs, et nous-mêmes, par sa vitalité. J'en suis encore ébahie. Les exemples de couples unis existent, mais souvent empaquetés dans les habitudes de la longue coexistence. Les mariés indissolubles que toute leur famille considère immuables. Il ne s'agit pas exactement d'amour, mais de fidélité à des principes et des choix. L'amour est enfoui sous des années vécues ensemble, assorties de naissances, de deuils et de périodes troublées, de guerres et d'accidents. Je me souviens de l'air merveilleux, dans *Fiddler on the Roof*,

Un violon sur le toit, entonné par le père de famille à l'intention de sa femme :

– *I love you.*

– *What ?* répond sa femme, stupéfaite, avec l'accent yiddish de Brooklyn.

– *Yes, I love you. Do you love me ?*

Elle ne sait que répondre, surprise de cette déclaration d'amour après tant d'années de mariage. Ils ne se le disaient plus.

Ces couples-là sont légion et solidifient le tissu social d'un pays. Ils sont liés par leur engagement, leur devoir de parents et leurs moyens économiques.

L'amour, celui dont je parle, prétend à plus d'autonomie. On ne signe pas un pacte de bonne association. On cherche ensemble à percer les mystères de la condition humaine. Le chemin peut se révéler tour à tour houleux ou très doux. Toujours vif, toujours aigu. Il ne faut pas confondre le bien-être et l'amour. Les habitudes et la quête de paix. La bienséance et le sublime.

Tout n'est pas délicieux dans l'amour. Par moments, on peut se rebiffer en souvenir des vies passées. Chacun de mes compagnons m'a initiée à une spécialité, à un domaine nouveau. Avec eux, je me suis ouverte au journalisme, à la photographie, à la gastronomie, au socialisme, à l'Italie, au business, à la voile, à l'art contemporain, à la philosophie, au théâtre, à l'histoire, toujours curieuse et avide de savoir. À présent, je suis plongée dans la musique, avec bonheur, et mes autres centres d'intérêt s'éloignent, inévitablement. Je suis triste d'abandonner mes balades en Toscane, mes après-midi dans les galeries d'art et mes rendez-vous avec les chefs étoilés. Michel est un petit mangeur, la patience lui manque dans les grands restaurants, je ne peux pas lui imposer cette curiosité-là. Les journées n'ont que douze heures, il faut sélectionner les activités. Je suis chargée de gérer le temps, en connaissance de cause. Nous devons nous concentrer sur les plans immédiats et rentabiliser la vie pratique qui les seconde. Michel est rapide et performant dans son travail, moi de même, mais il faut calculer les heures utiles et ne pas m'écarter de mes objectifs.

Donc : vie sage, coucher tôt et nourritures digestes. Pas de fréquentations inutiles et nécessité pour nous de préserver des temps intermédiaires pour nos joutes de mises à jour, nos joies intimes et nos rêves d'avenir.

L'amour réclame du temps, de la longueur de temps, y compris du temps creux, celui où on ne se parle pas, plongés dans nos pensées respectives. Ou celui des mots banals : il fait beau aujourd'hui, regarde comme les nuages sont souriants, je peux ouvrir la fenêtre, tu n'as pas froid ? Ou bien les silences d'avant la nuit, d'avant le sommeil. Des moments de solitude à deux, qui ne ressemblent pas à la solitude quand on est seul. Des silences denses et bienveillants. Il faut beaucoup d'amour pour se taire en toute tranquillité.

Si le mariage procure une assurance protectrice – c'est son but, sa vocation, ne jure-t-on pas d'assurer sa continuité devant l'officier de justice et devant le prêtre ? –, l'amour n'est pas à l'abri des fluctuations et des changements. Il est vivant et, comme tout ce qui vit, il évolue, se développe, s'étend, se rétracte, se déplace, se complexifie. On demeure en alerte, attentif à ses soubresauts. Les humeurs, qui dépendent de notre état physique et des événements autour de nous, chancellent contre notre volonté. Sous le coup d'une fatigue, on perd patience, on devient brusque. Et pourtant, l'amour résiste. Quant aux mauvaises nouvelles, elles altèrent fatalement nos comportements : une contrariété, un revers, une maison qui ne se vend pas, un livre ou un CD qui peinent à trouver leur public, un pépin de santé ou un ami qui trahit. On manifeste de la mauvaise humeur, mais, miraculeusement, l'amour devient le rempart contre la bourrasque.

Il n'empêche que les tracasseries rongent le temps de l'amour et l'obscurcissent. On n'est pas fait de bois, les attaques nous affectent et modifient notre caractère dès qu'on se sent en danger. L'autre a beau afficher un calme de bonze, personne n'est dupe, le navire tangue, pris dans la tempête. La patience s'érode. Quand le vent souffle, on déplore quelques dommages pour l'embarcation, des voiles déchirées, des gréements brisés.

Mais quelle félicité de se retrouver aussitôt la tourmente dissipée, fiers de notre amour. Une valeur sûre. L'étalon-or. Sans doute une bouée insubmersible. Dans la boîte à outils de l'amour se logent l'indulgence, la partialité, la pitié, l'ironie, la tempérance. À deux, on tend un filet de protection sous les trapèzes du cirque, on s'accroche l'un à l'autre. Chacun assume les soucis de l'autre, on est de son côté, on le défend bec et ongles. J'adore le spectacle de ces femmes de présidents ou d'hommes politiques en vue qui prennent le parti de leur homme, envers et contre tout. Anne Sinclair après le scandale du Sofitel, Hillary Clinton après Monica, Michèle Obama en campagne pour son mari. Des lionnes prêtes à griffer et à mordre. L'amour tue l'objectivité, mais pas l'intelligence. Ces dames étaient parfaitement conscientes des faits, mais l'amour leur offrait des occasions plus intéressantes et plus nobles.

Avoir raison ou tort est accessoire. La justice est pauvre face au panache de la passion.

J'ai appris cela : vouloir avoir raison à tout prix est une faiblesse. L'amour va au-delà. Il offre des partis pris moins étriqués. Il flirte avec l'absolu, ce qui ne veut pas dire la logique. Cette dernière est une maladie française, qui fait sourire d'autres peuples, les Slaves, les

Orientaux, les Indiens. Héritier des Lumières, le peuple français se croit condamné à l'exactitude du droit. Dans la rue, seuls les Français font la leçon, apostrophent les resquilleurs dans les queues ou montrent du doigt l'enfant qui jette un papier sur le trottoir. Ailleurs – même en Suisse ou au Japon –, les citoyens pratiquent la pédagogie avec un sourire calme. Triompher pour la justice équivaut à guetter les contrevenants et conduit à la surveillance du voisin et à la délation. Triste penchant de nos compatriotes. Au nom de la raison.

Ouvrir la porte à une quantité raisonnable d'irrationalité est un gage assuré d'enrichissement : alors on commence à entrevoir des horizons chatoyants et des réponses alternatives. Ceux qui croient abandonner leur culture, séduits par le bouddhisme, l'islam ou le paganisme polynésien, se perdent dans les excès des convertis. Les « enfants fleurs » mouraient sur les pentes de l'Himalaya et les écologistes dogmatiques végétaient dans le Larzac. Je ne pourrai jamais lutter contre ma formation cartésienne mais je prends des libertés, je me promène, je m'envole, je plane, au gré de cet amour qui me suggère la désobéissance. L'imagination. Pourquoi ne pas se relier aux oiseaux, à la pluie, aux arbres ou aux signaux interstellaires, au lieu de chercher à communiquer en termes strictement compréhensibles ? Tout n'est pas démontrable, tout n'est pas connu. Acceptons quelques échappées vers l'inexplicable et le magique. La bonne santé d'un amour tient à la fréquentation de ces zones inexplorées.

17.

Je veux maintenant vous parler des superstitions.

Le royaume de l'amour est envahi de préjugés, devises et dictons : « *Moglie e buoi paesi tuoi* (épouse et bétail de ton pays) », disent les paysans italiens, méfiants de la diversité. « Telle mère, telle fille » accable une fille née d'une femme légère. « On ne peut pas avoir le tonneau plein et la femme ivre », paroles d'avare. « Qui se ressemble s'assemble », ce qui est vrai. On dit aussi : « Une de perdue, dix de retrouvées » ou « La mariée est trop belle », « Le mariage de la carpe et du lapin », « Vivre d'amour et d'eau fraîche », « Plaisir d'amour ne dure qu'un instant, chagrin d'amour dure toute la vie », « On ne badine pas avec l'amour », « Filer le parfait amour », « Qui aime bien châtie bien », « Aime ton prochain comme toi-même ».

Déjà le Petit Robert nous donne le tournis quand il tente de définir l'amour : « Disposition favorable de l'affectivité et de la volonté à l'égard de ce qui est senti ou reconnu comme bon, diversifiée selon l'objet qui l'inspire ». Ouf ! On vacille. Plus loin : « Inclination envers une personne, le plus souvent à caractère passionnel, fondée sur l'instinct sexuel mais entraînant des comportements variés. » Bigre. On n'a guère envie qu'une pareille calamité nous tombe sur la tête…

Tout ce qui est dit de l'amour est vrai et faux. Quand il s'agit de le cerner, on peut affirmer une vérité et son contraire. L'amour est bénéfique et maléfique. L'amour nous enchaîne et nous libère. L'amour est joyeux et tragique. L'amour est chimique et hautement spirituel. L'amour est égoïste et généreux. Les amoureux sont exhibitionnistes ou seuls au monde. L'amour est courtois et sauvage. Naturel et sophistiqué. Érotique ou platonique. Légal ou clandestin.

Quoi qu'il en soit : on ne peut pas vivre sans amour.

Sans l'idée de l'amour.

On peut le chercher toute sa vie, avec ou sans succès, mais on ne peut l'ignorer, le détrôner, il est au cœur de nos vies, comme le soleil est au centre de notre galaxie. Il éclaire et il réchauffe, on l'attend quand il s'éclipse ou se cache derrière les nuages, on le célèbre et on l'adore quand il revient et brille. Mais il brûle la peau et déclenche des feux de forêt. Il est méchant et dessèche les pays du Sahel. Le tourisme le vend pour les vacances, les médecins le censurent. Jeux de contrastes. Attention : danger. À consommer avec modération.

Avec la différence que l'amour n'est pas un bien de consommation. On ne peut le capturer, le mettre en bouteille ou l'enfermer dans une gélule. Des alchimistes s'y sont efforcés, à travers les siècles, à la recherche de la « substantifique moelle », qui n'est autre que notre âme, un concentré de nos sentiments et de nos réflexions. La quintessence de l'humain, qui ne se voit pas, ne se palpe pas, ne s'avoue pas et agit par ordonnances secrètes. Le moteur de toute action, de tout mouvement.

J'éprouve une fraternité avec le scientifique qui cherche une nouvelle molécule, avec le chirurgien qui remplace un organe, avec le maçon qui construit un mur porteur, avec le cuisinier qui bride une volaille truffée, avec le ténor qui pousse sa voix dans les aigus, avec le surfeur qui guette la plus grosse vague, avec le tennisman qui rattrape une balle infernale, avec le pêcheur qui remonte un thon de taille exceptionnelle, avec le potier qui tourne une cruche parfaite : tous sont mus par l'amour. Un dépassement propre à l'amour. Pour aimer ce qu'on fait, il faut s'aimer soi-même, attendre le meilleur, croire en son destin. Les obstacles se présentent, mais servent de jauge, de mesure à l'amour investi. On ne sous-estime pas les difficultés, on compte sur soi, sur l'énergie que l'amour alloue.

À Marcel Gauchet, Jean-Pierre Elkabbach demandait, en clôture de son émission « La Bibliothèque Médicis » : « Si vous deviez donner un conseil à un jeune, un seul, que lui diriez-vous ? » Le philosophe répondit sans hésiter : « Trouver ce pour quoi on est fait. » C'est-à-dire où placer l'amour, la passion. Le secret du bonheur, sans nul doute.

Alors pourquoi cette mauvaise réputation des effets de l'amour, comme s'ils étaient un signe de faiblesse ? Pourquoi cette honte, cette défiance ? Un homme avoue difficilement qu'il aime et une femme se sent prisonnière si elle aime. Prise dans un filet. Est-ce un héritage culturel post-révolutionnaire ? Une parade contre l'esclavage des sentiments dont le théâtre classique est la voix ? Une licence des mœurs modernes permissives ? Est-ce une réticence, dans l'espoir de favoriser la réussite sociale qui réclame un cœur libre et les coudées franches ? J'entends qu'aux États-Unis on engage plus facilement un (une) célibataire qui n'a pas d'attaches pour qu'il (elle) se consacre complètement au travail. Est-ce une simple superstition, en souvenir des amants maudits, des familles brisées, des liaisons interdites par des frontières, des religions, des usages ?

On chante peut-être l'amour pour le tenir à distance, pour qu'il demeure impossible, relégué à l'étage des rêves et des utopies. « Il n'y a pas d'amour heureux... », serine Léo Ferré, sur les vers d'Aragon.

Mesdames et messieurs, je vous le dis : il y a de l'amour heureux.

Mais il n'y a d'amour heureux que si on le veut.

Si on s'en occupe.

S'il devient un objectif, une volonté.

Il y a de l'orgueil dans l'amour, puisqu'il est une création, au même titre que tout ce que les humains réalisent sur cette terre, les ponts, les gratte-ciel, les cultures intensives, les forêts, les roseraies, les rizières et les digues. À plus forte raison les poèmes, les chansons, les symphonies, les pièces de théâtre, les films, les fresques, les mosaïques, les bijoux, les verres de cristal et les tissus damassés. Et les bateaux, les carrosses, les TGV, les bicyclettes et les Maserati.

L'amour et la beauté s'allient, pour l'honneur de l'humanité.

18.

Le bonheur contient des vallées, des montagnes, des torrents et des cascades, des cimes enneigées et des plaines verdoyantes, des gouffres et des falaises à pic sur la mer, des côtes plates et des plages à perte de vue. Chaque instant offre un paysage différent, un climat différent, un péril différent, mais toujours à l'intérieur du bonheur, toujours saisissant de beauté. Le bonheur est une surprise permanente, qui habille le temps d'une variété de joies, impromptues ou prévisibles, puisqu'il recouvre tout d'un manteau d'amour. Car disons-le clairement : le bonheur naît de l'amour, et de rien d'autre. Le vrai grand bonheur qui remplit nos poumons entièrement.

Luc Ferry prétend qu'il a recensé sept manières d'être heureux, moi je n'en vois qu'une : l'envie de vivre, la gratitude envers ce qui procure une identité, une sûreté d'être qui attribue une place dans ce monde (et dans l'autre peut-être). C'est-à-dire l'amour, se sentir distingué par l'amour, telle une grâce qui transforme et soulève. Le bonheur est une légèreté, une allégresse tranquille, un après-midi de soleil, il ne peut être interrompu que par la nuit et, même après la mort, il dure comme une note d'orgue tenue sans fin. Le bonheur n'est pas une conquête mais une élection, un privilège. On le reçoit, on l'accueille, on le cajole. On dit merci.

Dans les programmes humains, l'amour n'est pas contemplé. On ne peut pas le promettre ou le prédire. Il fait son chemin contre ou entre les plans et les organisations. Ceux qui croient diviser leur existence en vie intime d'un côté et vie publique de l'autre, scindée en deux par une barrière étanche, sont bien attrapés. L'amour entre partout, défait les clôtures et s'installe n'importe où, dans le moindre espace libre, puisqu'il n'est pas attendu, pas invité, et souvent clandestin, caché comme une maladie honteuse. Et puis, miracle : il devient la sève même de la vie, la cause et le but, le dedans et le dehors, l'air et la terre, l'eau et le feu. Il ne reste plus qu'à s'incliner, à le laisser diriger nos pas.

J'entends ceux qui pensent : et si on tombe mal, si l'objet de nos vœux est une crapule, qui abuse de nous et nous martyrise ? Je sais quoi répondre : si on ne vous aime pas comme vous aimez, ce n'est pas de l'amour, vous cherchez autre chose, une punition, quelqu'un à haïr, une confirmation de votre pessimisme sur la nature humaine ou un doux plaisir à souffrir. Rassurez-vous, votre inclination pour cette personne ne durera pas. La fleur où se pose l'abeille doit contenir les sucs parfumés dont elle a besoin, sinon elle va butiner ailleurs, elle change de fleur. L'amour se tarit s'il n'est pas réciproque et parallèle. L'amour malheureux porte un autre nom, il s'apparente à l'autoflagellation des masochistes et des défaitistes. Ceux qui aiment le malheur.

Je ne les plains pas. Ceux-là trouvent une satisfaction à geindre et à empoisonner les autres avec leur triste sort. Une façon d'attirer la compassion, d'arborer un statut de victime et d'occuper l'attention par leur histoire romanesque et tragique. Je ne suis pas sûre qu'il s'agisse d'amour. On dénombre tant d'imitations, de copies. Comme en art, les faux ressemblent aux vrais à s'y méprendre.

Mais les faussaires sont-ils heureux ?

Sont-ils des artistes ?

L'amour, s'il est bien là, éclaire et ennoblit. Il nous rend meilleurs. Il élève et supprime les rancœurs. Il enseigne un autre langage, où la colère et l'aridité s'étiolent, inutiles et puériles. Non en pardonnant les offenses, mais en les absorbant comme un buvard, en les gommant. Le triomphe des droits de l'homme n'est rien à côté de celui, immuable et imbattable, de l'amour.

Qui me contredira ?

Et pourtant, pourquoi si souvent refuse-t-on l'amour ?

Parce que le terrain des petites amours, des désirs de deuxième catégorie, des pulsions incontrôlées et primitives continue à sembler plus véridique, admissible, voire attendrissant. Pâture de tous les écrivains, les liaisons passagères et les désamours inévitables sonnent objectifs et sincères. Les histoires ratées, douloureuses, les mariages décevants, les tromperies et les abandons établissent une complicité entre les lecteurs, tous dans le même marécage, empêchés et semblables. L'amour, l'autre, celui qui s'impose comme un faisceau de lumière unique, écrase et repousse. Quoi, serions-nous soudain transformés en dieux infaillibles ? Le péché n'est-il pas le propre de l'homme, faible et misérable, perpétuellement à la recherche de lui-même ?

L'amour qui cloue le bec à nos imperfections n'est guère alléchant et même un peu bonnet de nuit…

Aussi, les films et les romans ne s'intéressent qu'aux déboires amoureux, aux relations perverses et aux souffrances en tout genre. Glorifier la magnificence de l'amour frôle la redondance et le prêche. Va pour Ronsard et Du Bellay, on les lit encore avec une indulgence condescendante, mais on n'adhère pas, la valeur amour n'a plus cours à présent. Des raisonnements sévères traitent le grand amour de fuite, d'isolement antidémocratique, de couverture. Pire : on le soupçonne de mensonge, de position orgueilleuse, de vanité sectaire. C'est pourquoi les gens qui aiment se taisent, refusent le prosélytisme et s'entourent de silence.

Moi-même, il m'est arrivé de me retrouver seule. Entre deux amours. Elles se succédaient, magnifiques et caduques. Je les ai racontées dans un livre[1]. Je les ai vécues passionnément mais elles finissaient. Douloureusement, mais impérieusement.

Après les bourrasques et les arrachements, on titube pendant quelque temps, puis les plaies se referment. Je cicatrisais. Une cicatrice est une partie de chair durcie, renforcée contre les blessures à venir. On repart, le cœur scellé, blindé.

Et la vie reprend, les saisons recommencent, l'arbre plié se redresse, de nouvelles branches apparaissent, vigoureuses. D'autres rabougrissent, s'atrophient. On s'appuie sur les étais fraîchement reconstitués, à croire qu'on retrouve un équilibre, une énergie latente masquée jusque-là. On se découvre des ressources inattendues, des appétits inconnus. Des affinités avec les nombreuses âmes seules, qui cachent leur mal-être.

On ne se dit pas : j'ai mal, ça ne va pas. Non, on se dit : je suis formidable, je suis une femme libre, ma tête

1. *Biographie d'un sexe ordinaire*, Albin Michel.

est libre, mon corps est libre. Je n'ai besoin de personne. Personne n'a besoin de personne. En avant mes talents et ma personnalité, qui se révèlent enfin. On claironne pour qui veut l'entendre un hymne à la solitude et à l'indépendance. On naît seul et on meurt seul, non ? Donc la solitude est un état juste et naturel.

Voilà ce qu'on se dit.

Voilà comment on abolit la question qui taraude tout être humain : quel sens revêt la vie quand on la vit pour soi-même ? Est-ce le bonheur, la « bonne vie » ?

La fierté nous souffle : je suis un, je suis une, je ne dépends pas d'un autre, d'une autre, j'affronte la vie en direct, sans bouclier. Je suis à l'abri des intempéries sentimentales, je suis forte et autonome. Et puis il y a tant de cris autour de nous, tant de malheur. Il faut se consacrer hardiment aux personnes qui ont besoin de nous. On est objectivement utile, on n'a pas une minute à soi. Citoyenne, charitable et disponible, on obéit au devoir, tête baissée.

Et dans ce brouhaha, on s'enferme en bonne conscience dans une tour silencieuse et glacée. La solitude. La vie arrêtée. C'est indolore : l'ennui gagne petit à petit, sans crier gare. On peut vivre longtemps ainsi, anesthésié par des plaisirs indéniables qui produisent l'illusion du bien-être, dans l'insouciance et le dédain d'un danger insidieux qui menace : la stérilisation de nos désirs, de nos pensées jamais contestées. On tourne en rond, comme l'eau d'une fontaine constamment recyclée.

Une petite oreille intérieure restait en éveil cependant. Les rumeurs d'une autre conduite me parvenaient, comme une exception, une anomalie, une aberration, mais une épine dans mon cœur : les mots des couples unis. Des mots qui n'ont pas besoin de mots, parce qu'ils sont superflus. Des gestes discrets, un sourire partagé, une main se glissant dans celle de l'autre, laquelle répond aussitôt. Des mains qui se parlent en silence. Une force presque visible qui fond deux êtres en un seul.

Je les regardais avec suspicion, je les trouvais un peu ridicules avec leur amour égoïste. Voire peureux. Allez, deux planqués derrière un écran insolent, brandi pour nous irriter et nous attaquer, nous, pauvres célibataires agités et comiques tels des écureuils sur leur roue. Honte à ces nantis murés dans leur bunker, ces retirés de la vie réelle qui est cruelle, qui sépare plus qu'elle n'unit. Je les taxais d'aveuglement et d'obscurantisme : sont-ils embrigadés dans une secte, une religion archaïque et exclusive ? Ont-ils tout abandonné pour se protéger de leur propre libre arbitre, ont-ils renoncé à la liberté de combinaisons que le monde propose aujourd'hui, ou bien affichent-ils un bonheur seulement destiné à nous narguer, à se distinguer ou à fuir la réalité, comme les personnes qui s'isolent dans les monastères ? Qu'ont-ils mérité de plus que nous pour exprimer une telle sérénité, comme s'ils détenaient la solution absolue ?

Les couples fusionnels dérangent. Ils sont rares. Ils sont casaniers. Ils se montrent peu. Ils n'ont pas besoin de s'exhiber ni de militer pour un quelconque modèle. Ils sont. Ils ont rencontré l'éternité. Ou bien ils ont été soigneusement choisis par la chance qui n'a pas, comme on le prétend, les yeux bandés.

Je les observais avec curiosité et envie, voire avec méfiance. J'ai cherché à démonter les mécanismes de leur système, j'ai scruté leurs défauts et leurs faiblesses. J'en ai trouvé. Les amoureux heureux ne sont pas surhumains, ils ne sont pas plus intelligents ou plus honnêtes que les autres, ils sont seulement dépouillés des sentiments médiocres. Ils sont simples et limpides. Je les regardais avec une sévérité critique, à la hauteur du bloc compact qu'ils offrent à nos regards. Je les accusais de ne pas se mêler aux autres, de ne pas rejoindre la collectivité, de refuser la modernité, de poétiser leur relation : Aragon et Elsa, Dalí et Gala, de Gaulle et Yvonne, Stefan Zweig et Lotte… Mais, au fond de moi, tous ces couples me bouleversaient.

Et voilà que le sort m'a accordé de connaître moi-même cet état-là, m'a invitée à recevoir cette lumière. Je n'en reviens pas. Je me sens éberluée et maladroite dans cette nouvelle page de ma vie. Rien ne m'avait préparée à un tel changement.

Je suis heureuse de prendre la parole pour la défense de l'art ineffable d'aimer. Les psychologues ont beau le prescrire et le vanter, ils demeurent des thérapeutes qu'on écoute à moitié. J'espère que ma voix gagnera davantage les cœurs. J'ai failli dire : les consciences. Mais la morale encombre les consciences depuis tant de siècles qu'elles sont étourdies par les enseignements et les philosophies successives. Nous accumulons des couches de pensée, de Platon à Heidegger, en passant par Jésus, saint Augustin, Voltaire, Rousseau, Kant, Marx et Nietzsche. L'overdose est menaçante. On ne sait plus ni quoi penser, ni à quel saint se vouer.

L'amour survit aux vagues d'intelligence et de questionnement qui le harcèlent. Il jubile, insoumis et narquois.

Les journaux de ce matin m'inondent de mauvaises nouvelles, de turpitudes humaines : les élections sont pipées, les *hackers* brouillent leur intégrité, les terroristes prolifèrent, les canards sont contaminés, le verglas projette les automobilistes les uns contre les autres, les politiques dénoncent leurs confrères dans des livres à scandale, les « affaires » se multiplient, les migrants meurent en Méditerranée et les mauvais chanteurs se pavanent dans les émissions de télévision.

Je suis triste mais pas affectée.

En vérité, je surplombe l'actualité, soutenue par parachute : mon amour.

Les tribulations du monde glissent sur moi sans m'étonner ni me désespérer. Ma vie est ailleurs désormais. Ma contribution à la vie collective ne commence pas par de l'apitoiement ou de la colère, mais par une distance qui oriente tous mes actes.

Quoi qu'il arrive, je suis sauve.

J'aime.

19.

On sait qu'on aime quand c'est simple et sans appel. On sait qu'on aime quand on remarque, en se regardant dans la glace, qu'on a une meilleure peau, un teint égal et clair. Les nervosités d'antan disparaissent, les aigreurs d'estomac ne surviennent que si l'on a ingurgité des aliments vraiment toxiques. Curieusement, ces nourritures-là cessent d'être tentantes, un équilibre général les exclut naturellement. On est attiré par ce qui accroît le bien-être physique et mental. Le corps et l'esprit n'étant que les deux joues de la même face, quand on soigne l'un, on soigne l'autre. Et quelle thérapie inouïe que l'amour ! Pas de médicament plus efficace, plus radical. Il guérit et vaccine, il prévoit et renforce. Je vous le recommande.

Notre grande liberté, à Michel et à moi, provient de notre âge. On nous oublie. La société ne fonde pas de projet sur nous. Nous ne servons plus à rien, sinon à faire rêver, comme une anomalie, une exception touchante. L'amour à quatre-vingts ans ! Ce n'est pas banal. Pas courant. L'âge des amours se situe entre vingt et quarante ans, pas au-delà. L'âge où la collectivité peut vous coincer : que faites-vous pour elle ? Comment comptez-vous la rejoindre, l'assumer et l'enrichir ? Allez-vous augmenter la population avec des enfants qui maintiendront la bonne statistique de natalité du pays ? Si vous ne procréez pas, allez-vous héberger des orphelins, des migrants, des étudiants en mal de logement ? Ou serez-vous des électeurs zélés, des sondés patients, des consommateurs diligents, des imposés obéissants ? On compte sur vous, vous incarnez la tranche vive des habitants de France, on vous a à l'œil.

Nous passons entre les mailles du filet, à nos âges. On ne peut pas nous déloger de nos appartements, on nous cède la place dans les autobus, on nous laisse la priorité dans les files de taxis et de boulangeries. Quand, en outre, les gens nous reconnaissent, c'est tout juste s'ils ne nous offrent pas la baguette qu'ils viennent d'acheter, ou des fleurs et des chocolats. Nous régnons hors bagarre, hors servitude. *Struggle for life* pour les autres, privilège du grand âge pour nous ! Ils devraient voir comment nous plongeons dans la piscine et comment nous enchaînons les concerts et les tournages… Mais il ne faut jamais refuser une faveur, le traitement qu'on nous réserve nous ravit. Il illustre ce que je vous affirmais plus haut : nous ne sommes pas comptabilisés parmi les cariatides qui soutiennent le poids de l'activité collective, nous comptons pour du beurre. D'où notre liberté extrême, aucune incidence extérieure sur le cours de notre vie, il suffit que nous subvenions à nos besoins sans déranger personne.

L'avantage est de taille. Nos passés charpentent le présent, tout en nous autorisant des folies. Ce que les gens considèrent comme des folies, et qui est notre pain quotidien : lancer des travaux dans la maison, entreprendre de monter des films, des opéras, écrire des œuvres qui nécessitent plusieurs années de travail, planter un verger qui ne produira ses fruits que dans trois ans, couvrir une piscine pour se baigner toute l'année. Dans l'esprit de jouir de chaque ébauche, de chaque réalisation, et non d'investir pour l'avenir, le nôtre ou celui de nos enfants, qui sont grands et indifférents à nos choix. Pour vivre au rythme de cet amour gourmand qui attend des prouesses de notre part.

Absolument pas raisonnable aux yeux du système ambiant. Absolument décalé, hors norme. Mais d'une logique évidente pour nous. Nos agissements sont dictés par l'amour, et les personnes qui nous secondent dans ces entreprises en récoltent une joie de vivre qu'ils nous manifestent par de l'enthousiasme et de la bonne volonté. Nous sommes entourés de sourires et de dévouement. À croire que l'amour est contagieux : il éveille la bonté et l'émulation. Mais nous passons pour des fous, des illuminés qui ont perdu la notion du temps et de la mort. Michel répète : « Puisque ça continue là-bas, ne nous économisons pas ici. » Fière croyance qui éloigne la résignation et la fatalité. Nous ne laisserons pas d'argent à nos héritiers, nous laisserons des œuvres fraîches qu'ils pourront exploiter. Ou vendre. Peu nous importe.

Je me souviens de *La Vieille Dame indigne*, célèbre film de René Allio : rien à voir avec nous. Nous ne recherchons pas les plaisirs coûteux et rares. Nous n'aimons le luxe ni l'un ni l'autre, mais nous voulons exprimer par tous nos pores ce qui bout en nous, qui nous éblouit nous-mêmes : cet amour vivifiant, indépendant et incontournable. Il imprègne chacune de nos pensées, de nos gestes. Il s'amuse à nous plonger dans des situations inaccoutumées, à la marge des règles habituelles. Avant de retrouver Michel, au bout de cinquante ans, je me préparais à une vie autorisée, cadrée par ma retraite, ma maison agréablement décorée, les membres de ma famille encore vivants et mes amis. Je n'aurais jamais imaginé recommencer ma vie à zéro, réfléchir à de nouvelles perspectives, à un avenir plus ambitieux que toutes les autres périodes de ma déjà riche existence. On envisage la vieillesse avec prudence, on craint de manquer de forces, de moyens.

Et voilà que l'horizon s'ouvre, que rien ne paraît impossible.

Je pense aux artistes tardifs : Grandma Moses qui a peint ses tableaux à quatre-vingt-dix ans ; ma mère qui a publié son premier livre, *Blonds étaient les blés d'Ukraine*, à quatre-vingt-cinq ans ; Gisèle Casadesus qui joue encore ; beaucoup de femmes centenaires, dont nous détenons le glorieux record en France, qui écrivent, sculptent, jouent d'un instrument. La créativité peut attendre le nombre des années. Elle peut même éclore au crépuscule d'une vie consacrée à autre chose, à la famille, au pays, à la bonne marche des institutions. Mais j'ai l'intuition que la démangeaison de la création atteint tous les individus, à un moment ou à un autre. Les maisons d'édition regorgent de manuscrits, les peintres du dimanche, les tagueurs de rue et les maquettistes publicitaires aspirent à être reconnus comme des artistes à part entière, et les musiciens qui ne savent pas lire la musique s'affichent sans aucun complexe aux côtés de ceux qui ont accompli dix ans d'études. Notre époque est au « soyez vous-même », « exprimez-vous », « tout est art, tout est valable ». Les arts populaires ont toujours réuni leurs fans, l'art brut a inspiré Picasso et Braque. Désacralisé, l'art titille aujourd'hui l'inconscient de tous et le terme de

« création » s'applique dès les premiers barbouillages enfantins. Depuis Duchamp, on glorifie le geste artistique chez n'importe qui, bien en peine de deviner quelle œuvre durera dans le temps.

Quand les seniors se prononcent, la démarche est différente. Ils osent révéler leurs réflexions profondes, peut-être muselées jusque-là. Ils nous livrent le bilan de toute une vie, la synthèse de leur vécu. C'est pourquoi j'adore les œuvres tardives des écrivains, des peintres et des sculpteurs. Les derniers tableaux de Matisse bouleversé par l'abstraction, les derniers romans de Styron rongé par l'alcoolisme, de Hemingway et de Saint-Exupéry avant le saut final. Les dernières pièces musicales de Wagner, de Beethoven, de Schubert. Les dernières chansons de Brassens, les derniers enregistrements de la Callas. Des œuvres empreintes de force et de douleur, denses et lourdes de sens. Quelquefois moins aimables, parce que moins complaisantes. On vante toujours l'audace des jeunes, je trouve que les œuvres de maturité dégagent davantage de rigueur, et même de courage. Sinon, comment continuer ? Pour quelle raison ? Les créateurs élaguent et perfectionnent leur art avec l'âge, pas le contraire. Soulages, de plus en plus noir ; Beckett, de plus en plus cryptique ; Buñuel, de plus en plus surréaliste ; Gary, de plus en plus suicidaire ; Cioran, n'en parlons pas ; et Sempé, le délicieux Sempé, de plus en plus philosophe.

Les femmes célèbres suivent le même schéma. J'avais proposé à l'éditeur des *Dictionnaires amoureux* un dictionnaire de la femme mûre. Il n'en a pas voulu, parce qu'il a eu un réflexe d'homme. Ciel, les femmes mûres seraient-elles plus attirantes que les nymphettes ? L'homme, ce chasseur, a une préférence pour la chair fraîche. Et pourtant, regardez la représentation de la femme dans l'art et dans la société : la *Victoire de Samothrace* n'est pas une jeune fille. La *Liberté* de Delacroix non plus. Les déesses et les symboles, la Justice, la République, la Charité, sont de solides matrones aux épaules et aux seins larges. Ève et Marie campent au centre des tableaux, plantureuses et formées. Phèdre et Lady Macbeth terrorisent leur entourage. Arkadina de *La Mouette* et Mère Courage de Brecht se battent avec panache en femmes qui ont perdu leur jeunesse mais pas leur pugnacité. La gloire planétaire des grandes stars de cinéma n'arrive que lorsqu'elles atteignent un certain âge : Marlene Dietrich, Bette Davis et Joan Crawford vampent et fascinent leurs partenaires et leurs spectateurs. Les sex-symboles, Ava Gardner, Marilyn Monroe et Kim Novak, étaient des femmes épanouies, et non nées de la dernière pluie.

Les divas brillent de gravité et de désespoir. Dans la littérature, à part les derniers sursauts machistes qui ont accouché de Baby Doll et de Lolita, les héroïnes pèsent de toutes leurs années : la marquise de Merteuil, Thérèse Raquin, Mme Bovary ou Mme Verdurin, princesse de Guermantes. Le public ne s'y trompe pas : ces femmes sont infiniment plus intéressantes que leurs filles ou leurs petites-filles. En elles se somment l'exigence de l'expérience, les bleus à l'âme et la fierté de demeurer belles et droites.

En dressant l'apologie de la maturité, je ne prends guère de risque, la jeunesse est si fragile ! Si le jeunisme se répand, c'est bien que les jeunes ont besoin d'aide. On les protège comme on peut, mais ils ne pourront jamais changer la donne : ils sont jeunes et nous sommes vieux. Ils ont peur et nous non. Les plus brillants recherchent la compagnie de leurs aînés pour dévorer leurs cervelles, à la manière des cérémonies zouloues initiatiques. Les autres jouissent sans vergogne de droits promus en leur faveur par la culpabilité des générations précédentes, mais restent piteux et insatisfaits. Leurs privilèges ne suffisent jamais.

Autrement dit, ne craignons pas de vieillir : le bonheur arrive à pas lents, en même temps que l'arthrose et la chute des cheveux.

Les dissymétries tapissent le chemin de la vie.

Et de l'amour.

20.

Marie Belsky, ma mère, s'est aventureusement enfuie de la Russie et du communisme dans les années 1920, à l'âge de dix-sept ans. Ses sœurs Angeline et Madeleine ne l'avaient pas suivie, préférant rester avec leurs parents dans le petit village de Bessarabie où ils s'étaient réfugiés après avoir été chassés de leur propriété en Ukraine. À l'approche de la Deuxième Guerre mondiale, Staline a annexé ces provinces frontalières de Roumanie et ma mère n'a plus eu de nouvelles de sa famille. Elle a enquêté auprès des ambassades, des services de renseignement, de la CIA, et finalement elle a appris, grâce à l'Agence juive, que la plupart des sujets « suspects », les aristocrates, les prêtres, les Juifs, les trotskistes de la première heure, les intellectuels et les koulaks, avaient été déportés en Sibérie.

Après quarante ans de séparation, à la mort de Staline, nous avons retrouvé leur trace. Une épopée.

Une de mes tantes, dans l'ombre d'une allée menant au stade Dynamo de Kiev, a abordé un joueur de football de l'équipe de France qui disputait un match contre la célèbre équipe russe, et lui a confié une lettre en le priant discrètement de chercher si une certaine Marie Gagarine, née Belsky, vivait encore en France. Courageux (c'était parfaitement interdit, ils étaient fouillés à la douane), ce sportif accepta la mission de cette dame qui parlait un français impeccable, et rapporta la lettre à Paris, cachée dans la doublure de son manteau. Il chercha dans le Bottin – Internet n'existait pas à l'époque – et trouva l'adresse de ma mère dans le quatorzième arrondissement.

Branle-bas de combat entre nous quatre, mes deux sœurs, ma mère et moi. Nous donnons rendez-vous à ce brave gardien de but transformé en passeur. Ainsi, nous avons su que Madeleine et Angeline étaient vivantes et qu'elles résidaient en Crimée, non loin d'Odessa, où elles avaient eu l'autorisation de s'installer, leur retraite venue, dans le plus grand dénuement. Ma mère commença à correspondre avec elles indirectement, par l'intermédiaire d'un ami roumain pour qu'elles ne soient pas importunées. Recevoir du courrier de l'étranger était mal vu, la terreur sévissait encore. J'encourageai ma mère à faire le voyage pour les rencontrer, en terrain neutre, un pays satellite pour lequel elles pouvaient obtenir un visa, la Roumanie. Il leur fallut des mois pour réunir l'argent du voyage, nous ne pouvions pas le leur envoyer directement.

Enfin le jour J arriva, ma mère embarqua dans l'avion pour Bucarest.

À la sortie de l'aéroport, ma mère vit deux petites dames âgées qui l'attendaient en se tenant la main. Quand ma mère et ses sœurs s'étaient vues pour la dernière fois, après la révolution, elles étaient de très jeunes filles. Elles avaient maintenant plus de soixante-dix ans. La vie était passée. De grands changements ne pouvaient plus advenir. Elles s'observaient, étonnées, se reconnaissant à peine. Ma mère cherchait ses mots en russe, qu'elle ne parlait presque plus depuis la mort de mon père, et mes tantes avaient un peu oublié le français, qu'elles parlaient couramment pendant leur enfance. Leurs voix avaient changé d'intonations, les cheveux de mes tantes étaient passés du blond au gris, tandis que ma mère, très brune, teignait ses cheveux blancs. Mais toutes trois privilégiaient les robes à fleurs, goût indélébile de leur jeunesse russe ! Cependant, les fleurs du prêt-à-porter parisien étaient très différentes des fleurettes soviétiques. Les sœurs ne se ressemblaient plus.

Pour assouvir leur curiosité insatiable, elles parlèrent pendant trois jours et trois nuits, dans l'hôtel pour étrangers où ma mère avait l'obligation de séjourner. Elles parlaient, elles parlaient, à en devenir aphones. Elles comparaient leurs passés. Étrangement, elles rivalisaient de récits heureux, on ne sait pas laquelle avait eu la vie la plus riche ! Devenues professeures en Sibérie, mes tantes racontaient le dévouement de leurs élèves, les progrès merveilleux qu'ils accomplissaient grâce à elles, à la culture qu'elles leur offraient. Elles décrivaient les fêtes orthodoxes célébrées en secret avec de nombreux kolkhoziens, dans les clairières à la tombée de la nuit, les processions aux chandelles et les chants en slavon, interdits par le régime. Elles vantaient le goût des fruits et des légumes de printemps aussitôt après le dégel. Elles louaient l'amitié et le patriotisme, la compassion pour tous les blessés de guerre, l'amour de la poésie, les soirées de lectures à voix haute, dans les salles de classe transformées en théâtre.

Elles parlaient d'elles toujours au pluriel, comme si elles n'étaient qu'une seule personne.

Ma mère narrait son mariage d'amour, le soleil de la Côte d'Azur, ses années colorées au Maroc, la réussite de ses filles et la générosité de la France, qui avait accueilli les réfugiés russes à bras ouverts. Chacune d'elles trois prétendait avoir eu la vie la plus réussie, la plus enviable.

Elles taisaient, d'un côté comme de l'autre, la pauvreté, les mortifications, la maladie, les deuils et les privations. On ne se souvient que du meilleur, et personne ne peut accepter d'avoir raté sa vie. Même si on est ballotté par l'Histoire, par le destin collectif. On justifie vigoureusement ses choix, on occulte les injustices. Maman était convaincue d'avoir eu de la chance, et ses sœurs aussi.

Le bonheur est relatif, il présente mille facettes, nouées par un seul lien : l'amour. Le respect et la curiosité pour la vie. Mes tantes, déportées, affamées, brimées et isolées, avaient le sentiment d'avoir vécu une vie rude mais intense, comme des millions de personnes en Russie. La Russie ! Leur terre. Leurs racines. Elles plaignaient ma mère d'en avoir été privée. Ma mère avait beau dire que les Russes étaient des sauvages, qu'ils avaient bien mérité cette révolution cruelle et violente, que la France était un paradis des droits de l'homme, au fond elle ne convainquait pas mes tantes, certaines d'avoir joui d'une magnifique vie intérieure dont l'enfer communiste les avait dotées.

Sous Brejnev, l'une d'elles, exceptionnellement, a pu venir en visite en France (les Soviétiques ne les laissaient pas sortir du pays ensemble, de crainte qu'elles ne reviennent pas). Ma mère n'avait de cesse d'étaler les beautés d'un pays capitaliste, les magasins, les rues éclairées, les monuments restaurés. Ma petite tante (elle mesurait un mètre cinquante) restait muette. Rien ne l'impressionnait. En vérité, elle était stupéfaite de notre vie, qu'elle jugeait bancale et incomplète. Par exemple, elle s'étonnait que mes deux sœurs et moi-même ayons chacune notre appartement, chacune notre vie, nos amis, nos vacances, nos relations. Elle disait : « Comment ? Vous êtes sœurs, vous n'avez pas d'autre famille et vous ne VIVEZ pas ensemble ? » Douce et délicate, elle n'osait pas avouer qu'elle était choquée. Elle ne comprenait pas. Nous lui semblions parjures et dévoyées. Nous trahissions le pacte d'amour qu'on reçoit en naissant, à plus forte raison dans les intempéries de l'émigration et du déracinement.

Je l'interrogeais sans relâche. Elle me racontait comment elles avaient survécu à la déportation en Sibérie. Grâce à trois armes : l'amour (elles étaient jumelles et inséparables), la foi, et l'humour.

Dans les conditions extrêmes où elles furent « reléguées » pendant plus de vingt ans, une forêt sibérienne où ces frêles dames de la bonne société russe avaient été ironiquement expédiées pour « couper du bois », ce qui les a sauvées, ce qui les a empêchées de sombrer, ce fut ce lien entre elles, plus fort que le chagrin d'avoir tout perdu, d'avoir vu mourir leurs parents et leurs enfants sous leurs yeux, de froid et de dysenterie. Serrées l'une contre l'autre, elles ont résisté au déclassement, à la misère, à la solitude. Leur éducation était d'un grand secours, elles ne se laissaient pas aller, dans les baraquements collectifs où toutes les femmes étaient parquées, elles se levaient le matin, s'habillaient, se chaussaient, se lavaient tant bien que mal en brisant la glace dans les bassines gelées, se coiffaient et priaient en cachette. D'autres femmes traînaient toute la journée en savates, pleurnichant et jurant.

Et puis les situations rocambolesques dans lesquelles elles s'étaient trouvées déclenchaient leurs rires et leur complicité. On leur avait attribué une scie à deux poignées, qu'elles s'échinaient à tirer, en grelottant par moins vingt degrés, d'un côté à l'autre d'un large tronc. Elles ne parvinrent à couper qu'un seul arbre en un an ! Plusieurs années plus tard, repérées par un officier de l'Armée rouge, elles furent transférées dans la petite ville voisine où elles remplacèrent les instituteurs manquants, décimés par Staline, et enseignèrent toutes les matières : la grammaire, l'anglais, le français, l'allemand, les mathématiques, la musique, la géographie, la couture et la géométrie.

Elles vivaient dans une seule pièce exiguë, une ancienne salle de bains où l'une dormait sur un matelas sous la baignoire, l'autre sur une planche par-dessus. Après la promiscuité du camp, c'était le bonheur. Elles se réjouissaient chaque jour d'être enfin seules, de pouvoir se parler librement, souvent en français. Elles adoptèrent deux orphelins qu'elles arrachèrent ainsi aux maisons pour enfants abandonnés, véritables goulags, et faisaient de grandes balades avec eux dans les forêts.

« Tu sais, c'est très beau, la Sibérie, les lacs sont grandioses ! » me répétait-elle…

L'amour de la nature les réconfortait, elles peignaient des paysages sur des tablettes de bouleau, avec des couleurs qu'elles fabriquaient elles-mêmes. Elle m'en a offert une : on voit une jeune femme en robe blanche, assise sous un arbre en fleur. Une image de bonheur. Elles avaient gagné contre le malheur. Elles ne se considéraient pas comme des victimes.

Ce fut un choc pour moi. J'ai longtemps réfléchi à tout ce qu'elle me disait et je me suis demandé si nous n'avions pas perdu un peu de notre âme, avec nos désirs occidentaux d'émancipation, de consommation et de liberté. Où réside la liberté ? Dans la bataille pour l'indépendance ou dans l'acceptation d'une condition, d'une place désignée au cœur de la famille, du groupe et du monde ? Troublant dilemme. J'étais face à l'amour prescrit, indiqué, obligatoire. L'amour viscéral, tribal. L'amour tout de même. Mes tantes étaient sincères. Cet amour-là leur a sauvé la vie.

Sommes-nous encore capables de le ressentir, cet attachement du sang ? Saurions-nous être solidaires à ce point, frappés par le même sort ? Je crains le contraire : chacun espère, en se tirant d'affaire, pouvoir entraîner les autres membres de la famille moins débrouillards. Ma mère, la première, a fait bande à part, en fuyant seule, contre vents et marées. Par la suite, elle tenta d'attirer les siens en Allemagne, puis en France, bravant les périls et les interdictions pour les sortir de l'Union soviétique, sans succès. Le rideau de fer est tombé, infranchissable, aucune communication n'a plus été possible pendant quarante ans. Le silence total. Ma mère a retrouvé mon père en France, ils se sont mariés, ont bâti une vie, ont été naturalisés français et ont fondé une famille. Mais ma mère a porté toute sa vie la culpabilité d'avoir abandonné les siens. D'avoir été du bon côté de la barrière. Elle a posé une pierre sur son cœur pour ne plus souffrir, pour oublier, pour chasser les images insoutenables de ce que supportaient ses sœurs, son frère et ses parents, là-bas, s'ils étaient encore en vie.

Je vous raconte tout cela parce que ma rencontre avec Michel a réveillé ce que j'ai ressenti à ce moment-là, en écoutant ma tante. Elle m'a révélé ce besoin d'intériorité dont je manquais et que seul l'amour confiant autorise. L'exemple de ces femmes a bouleversé l'échelle de mes valeurs. Fille de Mai 68, je n'avais pas résisté aux appels de la consommation, dont nous clamions pourtant la nuisance. Mais personne, aucun philosophe, aucun politologue ne nous a parlé correctement de l'amour, ne nous l'a recommandé. Alain Badiou, un peu sans doute, dans son jargon philo-communiste qui embrouille. Les auteurs chrétiens,

Péguy, Claudel, à leur manière de pécheurs potentiels et misogynes, craintifs des tentations et du diable.

Je dois cette leçon simple et limpide à mes tantes. Elles n'étaient envieuses du sort de personne. Elles sont mortes pauvres et sereines. Elles ont pardonné.

Comment gagner cette sérénité ? La lutte n'est pas aisée. Les nécessités matérielles nous occupent la tête, dans les pays développés, les ordinateurs ne sont jamais assez neufs, les appareils ménagers jamais assez performants, les vêtements et les objets jamais assez nouveaux. Même si on délaisse la mode, sa loi nous rattrape, l'industrie nous contraint à acheter ce qu'elle produit, en espérant que ça se casse vite pour qu'on dépense à nouveau. La seule stabilité qu'on peut dresser contre ce flux permanent est la vie intérieure, les sentiments importants qui nous tiennent en alerte. Qui nous rattachent à nos origines. Qui résistent au temps qui court.

Voilà la vertu cardinale de l'amour : résistance à la futilité et à la superficialité. Quand on a goûté à cette eau lourde, à cette densité existentielle, les plaisirs matériels semblent bien pâles. Certes, on aime avoir chaud, manger et boire de bonnes choses, conduire une voiture confortable, mais rien ne vaut une soirée d'amour, une conversation profonde et même un antagonisme intelligent avec celui (celle) qu'on aime. Parce qu'on est touché au plus vif, au plus sérieux. Le microcosme qui se forme autour de deux personnes qui s'aiment est un modèle réduit de l'univers tout entier, les forces qui le régissent présagent de l'animation générale du vivant, mystérieuse et captivante. L'amour tord le cou au doute, il répond à toutes les interrogations, il incarne notre fierté, notre trouvaille d'humains et de mortels.

Et quelle trouvaille !

Sans lui nous serions des girouettes éperdues.

21.

Un écrivain français qui a pignon sur rue écrit qu'il n'aime que les amours « dangereuses », les femmes fatales qui enjôlent les hommes dans le seul but de les faire souffrir. Il énumère les cas célèbres d'hommes envoûtés et malheureux, mais accrochés sans rémission à leur amour impossible : Paul Valéry et une femme de quarante ans plus jeune que lui, Rilke et Lou Salomé, Balzac, Flaubert, Verlaine, Stendhal, Kafka, Nietzsche, Artaud et compagnie. Il cite même Napoléon, qui se consumait d'amour pour Joséphine, la seule femme insaisissable dont il acceptait la torture.

Je veux bien que l'amour non partagé soit douloureux, mais est-ce de l'amour ? N'est-ce pas, chez les hommes en particulier, un excès d'orgueil qui plante ses banderilles là où la souffrance et le dépit sont promis ? N'est-ce pas précisément un travers masculin que de désirer ce qui leur échappe, et d'en verser la responsabilité sur les femmes, coquettes et inconséquentes ?

On connaît la chanson. Une femme qui a de la personnalité devient fatalement attirante, ennemie de la volonté d'un homme. On l'adore et on la combat.

Amore odio.

Balivernes.

Mépris, non-amour, seulement.

Je vénère les femmes qui ont su tenir tête à un homme, à d'autres époques, quand la distribution des rôles était en leur défaveur. Il fallait composer habilement, ne pas offenser les mâles tout en leur résistant. Que d'efforts ! Que de mensonges diplomatiques ! Nous sommes plus franches aujourd'hui, nous pouvons nous exprimer sans détour. Dire non, choisir, prétendre à être aimées, désirées, sans rechigner pour autant, si cela nous plaît, à obéir aux désirs d'un homme adorable.

Les hommes qui se complaisent dans la nostalgie de l'amour-douleur sont décontenancés devant les nouvelles femmes, qu'ils traitent de « masculines » et « castratrices ». Or l'impuissance est de leur côté. Ils ne connaissent pas l'amour véritable. Ils ne sont pas capables de l'humilité nécessaire pour lui ouvrir le passage, pour le laisser s'inscrire dans leur cœur. Se désespérer et accuser l'autre est plus facile. On n'engage rien, on reste dehors, indemne. On se lamente, on écrit des poèmes, on sanglote, victime et martyr.

Les femmes ne recourent pas à cet exutoire. Pourrait-on en conclure que l'amour convient mieux à la gent féminine ? Que les femmes sont mieux taillées pour exercer sa loi, plus entraînées à l'accueillir, à l'entretenir ? Tout a un revers, des siècles de domination ont atrophié la capacité d'aimer chez les hommes. Et des siècles de diplomatie ont éduqué les femmes à la modestie, à l'art d'aimer.

Nous commençons une ère nouvelle, celle de la parité face à ce moteur éternel, indispensable aux hommes comme aux femmes : l'amour.

Alors ce pauvre écrivain est en mauvaise passe. Il rumine des modèles passés, des formules d'un autre siècle, quand la psychanalyse n'était pas encore apparue. Il faut rendre à Freud et à ses successeurs ce qui leur revient : on ne pense plus le couple et la sexualité comme avant. Aujourd'hui, on a calmé les excès du « tout est sexe » freudien, mais on a permis aux femmes de considérer leur plaisir comme un indice valable de la bonne marche de leur vie. Ce qui ne les empêche pas de choisir une existence sans sexe, avec des transferts de sensualité vers la gourmandise, la tendresse pour les animaux de compagnie ou le goût de la chaleur des pays de soleil. De nombreux ersatz s'offrent aux femmes qui n'ont pas la chance de connaître le grand amour. Qui ne s'affligent ni ne vocifèrent en lamentations. Mais qui continuent à espérer…

L'amour vrai ne fait pas de vagues. Les drames et les passions contrariées ou impossibles appartiennent aux conteurs d'histoires, les romanciers, les dramaturges et les paroliers de chansons. Tous prospèrent sur le manque d'amour qui règne, hélas. Sur le désir d'amour général. Mais les déchirements authentiques ne sont procurés que par la séparation, temporaire ou définitive, l'éloignement et la perte de l'être aimé. Le chagrin n'altère pas l'attachement au disparu. Combien de veuves parlent de leur conjoint défunt comme s'il était présent, comme s'il participait à leur vie, commentant les faits, les approuvant ou les désapprouvant. Quelques veufs, il en existe, vivent dans le souvenir de leur épouse irremplaçable, et ne modifient rien de leurs habitudes passées.

Michel m'a rapporté les mots de son ami Aragon qui l'ont marqué : un jour qu'il l'enjoignait de se couvrir pour aller visiter la tombe d'Elsa dans le jardin, par grand froid, en hiver, l'écrivain, en chemise, lui répondit : « Je le fais exprès, j'ai hâte de la rejoindre. »

Il ne mit pas son manteau et ils changèrent de conversation.

Les grandes douleurs d'amour se vivent secrètement, sans bruit. Elles relèvent du plus enfoui de l'intime, qu'on ne peut raconter ni partager. Le tapage des chagrins d'amour de la littérature peut se propager sans encombre, il nous tire les larmes mais demeure indolore.

Il ne ressemble en rien au vrai chagrin, indicible et peu spectaculaire.

Je redoute les épreuves qui viendront, l'abattement qui s'ensuivra, mais je les accepte d'ores et déjà, inéluctable déroulement de l'existence, auquel je n'oserais dire que je me prépare, car on ne peut jamais imaginer comment on sera touché par le chagrin, mais que j'envisage avec la plénitude octroyée par mon amour. Je suis armée d'une étonnante légèreté, d'une fabuleuse lucidité, de prévoyance, et même, tenez-vous bien, d'une certaine curiosité pour ce qui adviendra. Je souffrirai, j'en suis consciente, mais je devine que je recevrai les coups stoïquement, puisque je suis renforcée, protégée par cet amour. Michel et moi affronterons les peines à deux, de quelque bord du fleuve que nous soyons. Je ne serai plus jamais seule, je saurai avec clarté pourquoi je souffre, Michel sera près de moi comme je serai près de lui, pour toujours.

22.

Il me reste à vous parler de vous.

De vous qui nous regardez, Michel et moi, qui nous abordez et nous écrivez.

Vous êtes nombreux, et c'est à cause de vous, sans doute, que je me suis lancée à écrire ce livre. Vos messages, très émouvants pour certains, m'ont incitée à me poser la question : que sommes-nous en train de vivre, et que représentons-nous pour les autres, pour tous ceux qui galèrent à la recherche de l'amour ?

La multiplication des sites de rencontres est éloquente. On ne sait plus comment s'y prendre. Je suis perplexe, vous l'imaginez, quant à l'efficacité de ce système informatique et commercial qui prétend répondre à l'immense solitude caractéristique de notre époque, privée du village, des dîners familiaux, des fêtes et de la tradition des bals où l'on guinchait les samedis soir. On se regardait, on flirtait avec des inconnus, on se montrait. Selon les statistiques, on se rencontre désormais majoritairement sur les lieux de travail, dans les clubs de vacances et maintenant sur Internet.

Les expériences sont nécessaires et je comprends qu'on les tente, plutôt que de rester seul dans son coin. Mais ces rencontres organisées, ces choix sur catalogue ont-ils quelque chose à voir avec l'amour ? Tous aspirent à combattre la solitude, tous cherchent une compagnie, un appui, pour que la vie soit moins dure. L'étincelle de l'amour peut-elle éclater avec ces objectifs ? On peut sûrement trouver de la compréhension, de la solidarité, de la confiance, de la similitude, mais l'amour est plus impétueux. Il ne promet rien, mais il donne tout. Il n'est pas pour les fortunes médiocres, il arrose les amoureux d'une richesse incalculable. Au loto, on peut gagner des petites sommes de temps en temps, améliorer son train de vie, s'amuser avec la chance sans prendre de grands risques, mais le gros lot est un coup de bambou qui change tout, le cours de la vie, l'idée qu'on s'en fait, et le destin du gagnant.

L'amour est de cette nature : c'est une tornade qui bouleverse tous les fondements de l'existence. On les remet à plat, on les passe en revue, un à un, on réapprend à vivre, modifiés, augmentés par une nouvelle identité. On fait peau neuve, en quelque sorte on naît une seconde fois. C'est délicieux et terrifiant en même temps.

Au cours de ce livre, je vous ai montré qu'on peut vouloir ou ne pas vouloir l'amour. Il est contraignant, totalitaire, pas toujours commode. Il fait peur. Les associations entre deux individus choisis sur documents d'agence, photos, questionnaires et CV, sont plus rassurantes. Mais créent-elles les conditions de l'amour ? On sélectionne un candidat ou une candidate comme on achète un appartement : en réunissant le plus d'avantages possibles.

L'amour, lui, ne tient aucun compte du profil idéal qu'on s'était préfiguré, d'un prince charmant ou d'une princesse au Bois dormant. Les exigences, longuement alignées sur les formulaires et les interrogatoires, volent en éclats à l'avènement d'un amour. Il s'empare de vous à sa guise. Il ne vous laisse pas le temps de réfléchir, d'étudier les qualités et les défauts de l'élu(e), de se poser la question du « faisable » ou « pas faisable ». L'amour s'impose comme une évidence qu'on attendait depuis toujours.

On adapte la vie à un amour, et non l'amour à la vie.

L'amour n'est pas un bien, ni une propriété, ni un privilège, mais un révélateur de personnalité, un moteur de recherche sur soi. On lui doit allégeance et persistance, sans savoir à l'avance où il nous emmènera. On lui signe un chèque en blanc sur l'avenir. Il faut lui faire confiance, se fier à tout ce qu'on ne maîtrise pas, tout ce qu'on ignore : les antécédents qui destinaient les amants l'un à l'autre sans qu'ils le sachent, les désirs profonds qu'on ne s'avoue pas et qui jaillissent brusquement, comme le jet de pétrole d'un nouveau forage chanceux, les espoirs secrets, endormis par la vie de tous les jours et les discours lénifiants des proches. Soudain, on a le culot de balancer le couvercle que le monde du travail, de la famille et de la cité avait posé sur nous, pour qu'on ne déborde pas, pour qu'on file droit, tous du même pas dans le troupeau.

Paradoxalement, en se liant à un vœu unique, on se libère de toutes les chaînes.

J'espère que ceux qui vivent la même chose que moi auront lu mes pages avec satisfaction, en écho à ce qu'ils ressentent eux-mêmes. Les gens qui aiment appartiennent à un club sélectif et anonyme, qui ne fait pas de propagande. Les aventures personnelles n'intéressent que leurs acteurs. Mais je voudrais rendre à l'amour les bienfaits qu'il m'a accordés, et tâcher de promulguer sa grâce en don à tous ceux qui veulent bien m'écouter. Ne cherchez pas ailleurs, soyez confiants, l'amour est à la portée des cœurs simples, il est peut-être près de vous, il vous attend.

Certes, le hasard joue avec nous.

Regardez comme il s'est amusé avec Michel et moi ! L'amour s'est manifesté au bout de cinquante ans. Nous avions des indices, des images fortes du passé, une proximité par nos métiers, nos lieux de vie. Nous étions aveugles, peut-être. En scrutant nos pensées, nous aurions pu arriver l'un à l'autre plus tôt. Mais le sort est espiègle : il nous rapproche ou nous éloigne de l'âme sœur, de notre deuxième moitié, en nous laissant agir. À nous de jouer, comme au jeu de go. On peut trouver vite ou s'enliser lamentablement.

L'amour est fuyant. On ne sait où et quand on le rencontrera.

Pourquoi pas sur un site de rencontres, mais la probabilité est faible. La démarche rationnelle de s'y inscrire n'y engage pas. Les renseignements sur les personnes désignées, données matérielles et sociales, risquent de trop préciser l'opinion qu'on peut se faire d'elles. D'éteindre une flamme potentielle.

Mais toutes les tentatives pour rencontrer l'amour sont honorables. Il n'y a pas de but plus noble, plus citoyen que de chercher à aimer. Vivre pour soi est stérile, l'envie de procurer du bonheur à quelqu'un est déjà un pas en avant. Les gens de bonne volonté sont toujours récompensés. Il y a une foule de gens bien sur la terre, qui ne souhaitent que la paix, la joie et le progrès. Des liens multiples se combinent entre eux, retentissants ou discrets. Ces faisceaux de prospection et d'amour constituent la force de l'humanité, de génération en génération.

Vous qui aimez, ou qui cherchez à placer l'amour qui gonfle votre cœur, je vous approuve et je partage votre ambition. Le but suprême de la vie est là, il n'y en a pas d'autre. La recherche de l'excellence dans notre travail procède du même désir : être humain à la plus grande puissance, exercer ce qui nous différencie des pierres, des bêtes et des machines, c'est-à-dire aimer, faire converger toute notre énergie dans une direction, vers un seul point de fuite.

Il m'a fallu toutes ces années pour en être persuadée, pour le mettre en pratique. Grâce à toi, Michel, grâce à nos retrouvailles qui ressemblent à un conte philosophique, antique et frémissant d'actualité.

Je veux finir cet ouvrage en m'adressant à toi, Michel, mon amour. Tu t'étonnais que j'entreprenne cette immersion au plus intime de mes sentiments. Tu me disais : « Il ne faut pas réfléchir, il faut vivre. Les émotions sont personnelles et inexprimables. » Nous différons sur ce point : j'aime comprendre ce que je vis. J'aime être dedans et dehors, ressentir et observer ce que je ressens. Je crois qu'on écrit pour cela : pour comprendre, pour vérifier ses convictions, reconnaître ses erreurs, rendre compte de ses découvertes. J'ai voulu analyser avec franchise mes premiers pas de femme aimante et aimée, les écueils et les prodiges de la vie à deux, et m'interroger encore sur le mystère du phénomène de l'amour. J'ai voulu partager mon émerveillement, mon optimisme, ne pas garder égoïstement pour moi ce trésor, comme un secret qu'on pourrait me voler.

L'amour est le bien de tous. Et si nous en incarnons le bourgeonnement tardif et inespéré, Michel et moi sommes la preuve de sa mansuétude et de sa vigueur. Tu ne savais pas, mon pauvre amour, que tu allais être porteur, en plus de toute la musique merveilleuse que tu as composée, d'un tel message ! Nous représentons, à nous deux, un espoir et peut-être un exemple. Certes, tu montrais déjà, par la nature de ton œuvre et par ta ferveur naturelle, l'image d'un homme confiant en ses possibilités de répandre le bien et en son aptitude à dispenser du bonheur. On connaît moins la rigueur de tes décisions, la fermeté de ta probité. Tu as poursuivi un rêve de clarté et de sensibilité toute ta vie, sans mièvrerie, avec l'autorité d'un chef.

Tel le finale éclatant d'un opéra ou d'une symphonie, notre rencontre nous a permis de donner libre cours à nos capacités premières, étouffées au cours de la vie par d'incessants compromis : le goût de l'absolu, l'urgence d'agir, de transformer l'amour en actes, en traces, en lumière. Vous n'avez pas fini d'entendre parler de nous ! Chaque fois que vous irez à un concert de Michel, chaque fois que vous me lirez ou que vous irez me voir au théâtre, vous percevrez ce qui émane de nous et qui nous élève comme un ballon d'hydrogène au-dessus des situations où vous nous trouverez : cette certitude calme et vivante qui est devenue le centre de notre vie.

DU MÊME AUTEUR

Romans et nouvelles

La Star, Grasset, 1982.

Love Baba, Albin Michel, 2000.

Les Mots des hommes, Albin Michel, 2004.

Jury, Albin Michel, 2011.

Ce qu'il voulait, Albin Michel, 2012.

L'Amour dans tous ses états, Flammarion, 2014.

Arithmétique de la chair, Flammarion, 2016.

Livres de cuisine

Moi j'en riz !, Robert Laffont, 1996.

Joyeuses Pâtes, Robert Laffont, 1999.

Haricots-ci haricots-là, Robert Laffont, 1999.

Ce soir, c'est ta fête, Albin Michel, 2006.

C'est prêt dans un quart d'heure !, Robert Laffont, 2011.

Autobiographies et chroniques

Patati patata, trois petits tours et puis ça va, Albin Michel, 2001.

Biographie d'un sexe ordinaire, Albin Michel, 2003.

Si je vous disais, Albin Michel, 2004.

Un jour, je suis morte, Albin Michel, 2008.

Théâtre

Ricochets, Actes Sud, 2009.

Divers

Sur les pas de Colette, Presses de la Renaissance, 2007.

En tête-à-tête avec Colette (avec Philippe Lorin), Gründ, 2012.

L'Esprit au féminin (avec Christian Moncelet), Le Cherche Midi, 2012.

L'Humour au féminin en 700 citations, Points, 2015.

Composition : IGS-CP
Impression : CPI Brodard et Taupin en août 2017
Éditions Albin Michel
22, rue Huyghens, 75014 Paris
www.albin-michel.fr

ISBN : 978-2-226-39800-0
N° d'édition : 22787/01 – N° d'impression : 3024013
Dépôt légal : septembre 2017
Imprimé en France